我的青春我的梦
全国中学生校园美文精品集萃丛书

一片冰心，露珠渐识霜消息

流年微凉，凉不过少年时光

《中学生博览》杂志社 选编

时代文艺出版社

图书在版编目（CIP）数据

流年微凉，凉不过少年时光／《中学生博览》杂志社选编. —长春：时代文艺出版社，
2018.8（2023.6重印）

（"我的青春我的梦"全国中学生校园美文精品集萃丛书）

ISBN 978-7-5387-5753-8

Ⅰ.①流… Ⅱ.①中… Ⅲ.①作文－中学－选集 Ⅳ.①H194.5

中国版本图书馆CIP数据核字（2018）第005507号

出品人　陈　琛
产品总监　郭力家
责任编辑　徐　薇
装帧设计　李　斌
排版制作　隋淑凤

流年微凉，凉不过少年时光

《中学生博览》杂志社　选编

出版发行／时代文艺出版社
地址／长春市福祉大路5788号　龙腾国际大厦A座15层　邮编／130118
总编办／0431-81629751　发行部／0431-81629758
官方微博／weibo.com／tlapress
印刷／北京一鑫印务有限责任公司
开本／700mm×980mm　1／16　字数／153千字　印张／11
版次／2018年8月第1版　印次／2023年6月第5次印刷　定价／34.80元

图书如有印装错误　请寄回印厂调换

编　委　会

编委会主任：刘翠玲　夏野虹　高　亮

编　　　委：宁　波　孟广丽　张春艳

　　　　　　李鹏修　苗嘉琳　姜　晶

　　　　　　王　鑫　李冬娟　王守辉

目 录

风从海上来

美好是悲伤的恩赐

少年，只愿你一直安好

我不知道一个梦可以在脑海里存留多久，我只清楚昨晚那个可怕的影像恐怕要在我脑海里根深蒂固了，因为我一早看到后座的男生就不可避免地想起昨天梦里那个可怕人物，这样子造成的后果就是我又盯着人家一直看个不停。我是真怕他会突然变身，吓到老师同学。

或许是觉得我的目光太过赤裸大胆，沉默许久的男生终于开口问我："同学，我长得很像你前男友吗？"

梅茜在冬天写给大家的故事

梅茜烦不了

1

我是一条狗，拼命写字的金毛，名叫梅茜。

我牢牢记得老爹跟我说的，"梅茜啊，只要你拼命写下去，慢慢在大家的意识里，狗都是身边的朋友。在路边看见流浪狗，会觉得他们就是梅茜，是自己似曾相识的朋友，然后随手给他们一个面包，一瓶水，说不定呢，他们就可以活下去了。"

我是梅茜，一条拼命写字的金毛狗。

2

我一岁不到，跟着老爹搬到这个小区。

小区里狗很多，我有两个好朋友。

其中一个是条黑背。据说是小区里赫赫有名的武术家，以及专业级别的文盲。

黑背长相凶残，一开始我不敢跟他玩。

我晚上去广场溜达，黑背正在打坐。他看见我，假装不经意地大声喊："五郎八卦棍之十二路弹腿，一定要连续弹十二次，才是正宗的！"

喊完就开始弹，后腿直立，前腿猛向前一踢，冲出去半米，这就叫弹一次。连弹十一次，弹到河边了，他犹豫了一会儿，大喊："死也要弹十二次啊！"

然后就掉到河里去了。

我把他拉上岸。

他颤抖着说："小金毛，你叫什么？"

我说："我叫梅茜。"

他说："梅茜，你有没有听到远方图腾般的召唤？那种触及灵魂深处的战栗，像我们祖辈不绝于耳的呐喊？"

我听了半天，什么动静都没有。

他猛地翻身起来，严肃地说："梅茜，我要跟随那个召唤走了。"

说完，黑背狂窜而去。

我这时候才发现，对面的五楼阳台，黑背的主人探出身子，正在敲饭盆。

我想，谁说黑背是文盲的？！

3

我的另一个好朋友是条边牧。对，就是黑白眼圈那种狗，像饿了半年的熊猫。

有天，老爹带我去小区门口的超市。在路边，一只浑身湿漉漉的小边牧傻傻坐着。这是我第一次碰到边牧。

他正呆呆望着一个男孩儿拖着箱子离开。他坐在那里，眼睛瞪得很圆，动都不动，似乎从此以后就要永远不动了。

我一直忘不了他的眼神呀，像雪碧里慢慢冒上来很多气泡，又透明又脆弱，倒映着拖着箱子的男孩儿，仿佛这就是整个世界了。

我问老爹："边牧眼睛里那亮晶晶的是什么？"

老爹说："因为知道再也遇不上，碰不到，回不去，所以，这就是眷恋了。"

边牧脚边放着飞盘，他叼起来，眼神一点点黯淡下去。

我问老爹："如果他飞快地跑，飞快地跑，会不会追上呢？"

老爹说："有时候我们跑得飞快，其实不是想跑到未来，只是想追上过去。可是，就这样了，每个人都有深深的眷恋，藏起来，藏到别人都看不见，就变成只有自己的国度。其实不用怕啊，这些就是人生的行李了。"

小边牧叼着飞盘，摇摇晃晃站直，躲在超市里的女孩儿走出来，想拽走他的飞盘。小边牧死死咬住，一边哭一边不肯放。

女孩子也哭了，蹲在路边。小边牧吭哧吭哧跑过去，拼命仰着脖子，把飞盘举得老高。

后来我问边牧："那时候你在想什么？"

边牧说："妈妈哭了，就是下雨了，但是我没有伞，只有飞盘。"

那是个晴天，有只小小的边牧，用飞盘给自己的妈妈挡雨。

004

4

那时候，我一岁不到。

我挠墙，撕床单，叼袜子，追着自己尾巴转圈。老爹看见我就气不打一处来，声称要把我五花大绑，捆在车轮胎上，一路开到乌鲁木齐，连续碾我两百多万圈。

有天我控制不住自己，把羽绒被拉到阳台，扯成碎片。

老爹回来后，我害怕得瑟瑟发抖，心想这下要从南京碾到乌鲁木齐了。

老爹只是叹了口气，和我一起躺在羽绒被的碎片上，喝了很多很多酒。

他说："梅茜，我要离开你一段时间。"

我说："老爹，我不咬羽绒被了，你不要走好不好？"

他说："家里已经没有羽绒被给你咬了。"

我说："那你要去哪里？"

他说："我要去地平线看一看。"

我说："地平线那里有什么？"

老爹沉默了一会儿，闭上眼睛说："那里有你一切想念的人，正围在一起吃火锅。要是赶过去了，就能加双筷子，边吃边等日出。"

我说："下次也要带我去，我也有想念的人，应该在地平线，我要大家一起吃火锅。"

老爹说："好的，下次带梅茜一起去。去流淌时间的泸沽湖游泳，去开满鲜花的大理散步，去一路高高低低红色山丘的青海吹风，去呼吸都结着霜的松花江溜冰，去人人都在打麻将的成都吃冒菜，去背包客们走来走去的拉萨看一眼大昭寺。"

我问老爹："老爹，你有正能量留给梅茜吗？"

老爹说："梅茜你记住，正能量不是没心没肺，不是强颜欢笑，不是弄脏别人来显得干净。而是泪流满面怀抱的善良，是孤身一人前进的信仰，是破碎以后重建的勇气。"

虽然我听不懂，但是我用力点了点头。

第二天我被送到托管阿姨那里。再次看到老爹已经是两个多月以后。

5

托管阿姨那里住着十几条狗。阿姨带着我们一起吃喝玩乐，四处溜达。

门口住着一条流浪狗，是条笔熊，头大身子小，阿姨喊他冬不拉。

刚碰到他，他神秘地说："梅茜，你来，给你看个好东西。"

"什么好东西？"

我啪嗒啪嗒跑过去，冬不拉贼特兮兮地从草丛里翻了张红纸出来。

"这是什么？"

冬不拉赶紧说："嘘，这是我唯一的财产，叫作'超级世界转换器'。"

我接过来，仔细看看，不就是张粉红的糖纸嘛。

冬不拉说："不要动！"

然后他把糖纸放在我眼睛上，激动地说："梅茜，睁大你的狗眼瞧瞧，世界是不是变了！"

真的，整个世界变粉红了！

天是粉红的，树叶是粉红的，马路是粉红的，连冬不拉也变粉红的了。

冬不拉拿下糖纸，说："只能借给你五分钟，现在我要收起来了。这是我从家里带出来的呢，藏在草丛里半年啦。我每天只用一分钟，你今天已经用掉了我一个礼拜的份额。"

我说："冬不拉，你为什么不住家里，要出来住在外头呢？"

冬不拉呆呆地看着糖纸，说："因为爸爸说我的种不纯。"

我嘴巴张了张，说不出话。

这是春节刚过，每家每户喜气洋洋，不用糖纸，都可以衣服红彤彤，脸色红彤彤，围巾红彤彤，手套红彤彤。

6

过春节的时候，边牧和黑背也被送到托管阿姨这里。因为主人们都要回老家，所以小区大部分狗都被送到这里来。

我们住在外间，里间还有十九只泰迪。泰迪这种狗非常厉害，好像密密麻麻全世界都是。据说他们有个领头狗，叫作泰迪大王。泰迪大王说去哪里，立刻就有无数泰迪冲过去。

黑背找到冬不拉，说："给我看看"超级世界转换器"好不好？"

冬不拉摇头。

黑背想了一会，说："你给我看一会儿，我给你亲一下。"

冬不拉猛退几步，惊恐地看着黑背。

跟他一起后退的，还有边牧和我。

黑背一下炸毛了，喊："信不信我用十二路弹腿弄死你们！"

冬不拉犹豫半天，说："你发誓以后不亲我，我就给你看。"

7

元宵节那天，我浑身没有力气，就是躺着不想动，东西也吃不下。黑背说："梅茜你不会生病了吧？"

我摇摇头，说："不应该啊。"

就这么一直躺到黄昏，阿姨推门出去丢垃圾，一推，叫："冬不拉，你怎么回事？！"

门口躺着冬不拉，一动不动。

阿姨将冬不拉抱进来，打电话。

来了两个男人，一个男人戴着手套，抱起门口的冬不拉，说："是狗瘟，要挂水。"

阿姨说："挂水多少钱。"

男人报了个数字，阿姨叹口气。

男人说："这条笔熊不纯，是个杂种，挂水没有意义。"

阿姨说："那怎么办？"

男人说："算了我来处理吧。"

阿姨又叹了口气，回小房间给客人带来的狗洗澡。

另外一个男人说："走吧，杂种狗，找个地方扔了。"

我一点一点站起来，眼泪哗啦啦地掉，冲着门口大声喊："那你们把我也丢了吧，我也是个杂种，你们丢了我吧！"

冬不拉被一个男人的手抓着，整个身子垂着，努力转过头，呆呆地看着我。

他嘴里牢牢叼着一张糖纸。

然后他的眼神，像雪碧里慢慢浮上来很多气泡，又透明又脆弱，倒映着春节后喜气洋洋的世界。

是因为知道再也遇不上，碰不到，回不来。所以，这就是眷恋了吧？

我拼命顶着栅栏，眼泪喷着，拼命叫，拼命喊："我的种也不纯，我也是个杂种，你们把我也丢了吧！"

两个男人抱着冬不拉走了。

8

天就快黑了。

我要去找老爹，问老爹借钱，给冬不拉治病。

老爹在地平线那边。

黑背凑到我耳边，小声说："梅茜你记住，你只有半分钟时间。我跟泰迪大王商量过了，他们十九只泰迪负责吸引阿姨的注意力，然后你就逃出去。"

我说："怎么逃？"

这时候，突然里面房间的泰迪同时狂叫起来。阿姨丢下手里的拖把，去看发生了什么情况。

黑背突然狂吼一声，在空中一个翻滚，大叫："十二路弹腿！"他猛地撞上栅栏，咚的一下被弹回来。他是想乘机撞翻栅栏吧。

黑背擦擦眼泪，眼睛通红，说："边牧，不要叼着飞盘了，放一会儿，和老子一起把栅栏弄翻吧。"

边牧放下飞盘，说："好。"

两条狗狂叫一声，扑上去，栅栏倒了，带着一排柜子都倒了。

黑背看着我，突然大声喊："梅茜跑啊，去找你老爹，去把冬不拉救回来啊！"

于是我箭一样冲了出去。

箭一样。我这辈子都没跑过这么快。

我奔上马路。

黑背和边牧站在门口，在我身后，声嘶力竭地大声喊："梅茜，跑啊！"

这是我第一次听到边牧的喊声。

他也在喊："梅茜，跑啊！"

我对着太阳，对着地平线，疯狂地跑，眼泪飘起来，甩在脑后。

梅茜，跑啊！

超过路边散步的人，超过叮当作响的自行车，超过拥挤的公交，超过排队的站台，超过一棵棵没有叶子的树，超过一切带着冰霜的影子。

这不是个粉红的世界，我要帮冬不拉把糖纸追回来。

我能听到自己的心跳，听到自己的喘气，喷出来的白色雾气蒸发眼泪。

但是，梅茜啊，你要跑到地平线去，不然冬不拉就会死掉。

所以，梅茜，跑啊！

梅茜，跑啊！

老天给我们躯干四肢，就是要捕捉幸福，尽力奔跑！老天给我们眼耳口鼻，就是要聆听天籁，吻遍花草！老天给我们咚咚咚跳动的心，就是要痛苦欢笑，一直到老！

而我们要去流淌时间的泸沽湖游泳，去开满鲜花的大理散步，去一路高高低低红色山丘的青海吹风，去呼吸都结着霜的松花江溜冰，去人人都在打麻将的成都吃冒菜，去背包客们走来走去的拉萨看一眼大昭寺。

梅茜，跑啊！

我跑得双眼模糊，浑身发抖。

但耳边一直回响老爹的声音："梅茜你记住，正能量不是没心没肺，不是强颜欢笑，不是弄脏别人来显得干净。而是泪流满面怀抱的善良，是孤身一人前进的信仰，是破碎以后重建的勇气。"

所以，梅茜，跑啊！

9

我在河边找到冬不拉。

他浑身都是泥巴，眼睛闭着，一动不动，嘴里叼着一张粉红的糖纸。

我想推推他，但自己也没有力气，就一点点趴下来，趴在冬不拉旁边。

大概，我会和冬不拉一起死掉吧。

我讨厌狗瘟。我讨厌打针挂水。我讨厌莫名其妙地掉眼泪。我讨厌自己软绵绵的，没有力气。我讨厌走不动。我讨厌这样冷冰冰的地面。

我想念老爹。

假如，假如我们永远停留在刚认识的时候，就这样反复地晒着太阳，在窗台挤成一排看楼下人来人往，我不介意每天你都问一次，小金毛啊，起个什么名字好呢？

那，叫梅茜好了。

我想起老爹离开我之前的晚上，醉醺醺地趴在沙发边。

我问老爹："金毛狗牛不牛？"

老爹说："非常牛。"

我说："牛在哪里？"

老爹想了一会儿说："牛在攻击力为零。"

这个打击相当巨大，我连退几步，感觉晴天霹雳，攻击力为零，

攻击力为零，攻击力为零，攻击力为零，攻击力为零……

难怪每个保安看见我都兴高采烈地说："梅茜，来，抱抱。"

我要咬死你们啊咬死你们啊！！！

我疯狂地冲出去，转了好久，才碰到一个保安，赶紧连头带腿猛扑！

保安看见我，兴高采烈地说："梅茜，来，抱抱。"

我一个急刹车，兴高采烈地说："好哒！"

咬死保安的计划失败。我哭着回家。

"老爹，我咬不死人怎么办？"

"梅茜，你可以尝试拥抱他。"

"老爹，这是不是攻击力为零的命运？"

"嗯。"

"那你要去远方，是不是也因为自己攻击力是零？"

老爹没有回答，睡过去了。第二天他去了远方。

我想，自己死掉了，在奔跑不到的终点，就能踩着老爹的脚印，飞到那些我们梦想中的地方吧。那里，每个人的攻击力都为零，互相拥抱。

在最好的天，最好的问候里，我可以跟老爹吃火锅，看小说，喝一点点啤酒。

我看着自己布满泥浆的爪子，脑袋挪在上面，那是让老爹摸摸头的姿势。

边牧和黑背气喘吁吁地跑过来。

黑背大呼小叫："梅茜你怎么死得比冬不拉还要快？！"

边牧放下飞盘，定定地看着远处，小声说："梅茜，你瞧那边，是不是你老爹？"

我甩甩耳朵，拼命仰起脖子，往边牧说的方向看。

嗯，这是老爹离开后的第五十五天。

看那垂头丧气走路的样子，就是他了呀。

还没等我确定，黑背大叫："看那垂头丧气走路的样子，就是你老爹了呀！"

黑背上蹿下跳："我不会游泳，边牧你会不会？过去把梅茜老爹喊过来啊！"

我努力说："不要，河里全是泥巴，会爬不出来的。"

边牧沉默一会："呆呆地说，那我跳过去。"

黑背大惊失色，下巴掉了，震惊地说："边牧你会草上飞吗，这么远也跳得过去？"

边牧摇摇头，"我从来没有跳过那么远。"

黑背团团转，"完蛋了！"

边牧用脚推推飞盘，对黑背说："你把飞盘扔出去，我就假装是去接飞盘，可能会跳得远一点儿。"

黑背嘴巴张大，"这样也可以？"

边牧没有回答他，后退了好几步，喊："黑背，扔啊！"

黑背龇牙咧嘴，咬住飞盘，用尽全身力气，把飞盘甩向河对岸。

太阳要落山了。飞盘笔直射进金黄色的光晕里。

边牧一声不吭，疯狂地冲刺，那一瞬间，我确定他超过了五十码。

因为他像闪电。

他要去接飞盘。

就像我们都是攻击力为零的狗狗懂得拥抱，他的命运就是去拥抱那个男孩儿留下来唯一的飞盘。

在边牧沉默的冲刺里，黑背眼泪四溅，大喊："如果可以，请你飞起来啊边牧！"

曾经有人抱抱我，对我说，梅茜，时间会摧毁一切。

但我要我们永垂不朽。

人山人海，总要有人要先离开。

失去的才知道珍惜。能失去的就不值得珍惜。从现在做起，否则连身边的都要失去。

所以，请你飞起来啊边牧！

于是边牧飞起来了！

边牧飞起来了！

去追那一枚飞盘。

太阳要落山了。边牧笔直射进金黄色的光晕里。

10

后来，后来冬不拉被送到其他小区。

老爹的朋友领养了他。

一直到现在，我没有再碰到过冬不拉。

属于每座城市的夜晚都一样，属于每个人的夜晚都不一样。无论今天过得怎么样，将来你都会怀念这一天。

因为你随着时间的海洋飘荡，有烧鸡陪伴你，有烤鸭陪伴你，火锅、糍粑、油条、竹筒饭、糖醋排骨不停穿梭在你生命中。

我只能停留在一个灯塔下，小心翼翼地捧着你的笑容沉入海底。我是没有办法陪伴你一直走到尽头的。

可是你划分出那么小小的一段，我就在里面来回奔跑，因为这就是我的一生了呀。我的天空有多大，在于你愿意和我分享多少。

梅茜没有很大的力量，梅茜是条没有什么用的金毛狗，攻击力为零的傻狗。

但梅茜要打响这么一场战役，让所有流浪的心都别害怕，梅茜和大家陪你去旅行。把沿途丢失的碎片捡起来，我知道它们已经被你的泪水洗得很干净。

那么记住，正能量不是没心没肺，不是强颜欢笑，不是弄脏别人来显得干净。而是泪流满面怀抱的善良，是孤身一人前进的信仰，是破碎以后重建的勇气。

嗯，就是这样。

少年，只愿你一直安好

陌　忆

1

欧也刚转来我们班做自我介绍时，我正趴在桌上睡觉。将醒未醒中似乎听到老师的声音，还有一阵稀稀落落的掌声，随之背后响起椅子摩擦地面的声音。我打了个哈欠，水汽迅速氤氲了我的双眼。微侧头，蒙眬中看见一个男生低着头，垂下眼睑，浓密的睫毛在脸庞落下淡淡的阴影。或许是刚睡醒脑袋有些不灵光，我就这样目不转睛地盯着他，直到他把书包塞进书桌里，再把文具和笔记本放在桌上收拾好，我还是像被魔法定住一样直愣愣地看着他。他的眼里有一闪而过的错愕，而后指了指我的嘴角，脸上闪过一丝笑。

我咽了下口水，才后知后觉地发现我竟这样明目张胆地盯了他许久，于是迅速转回头，同桌林静轻轻碰了下我，压低声音说："见过花痴的，没见过这么不顾形象的。不就是个转校生吗？用得着像看到鸡腿似的一直盯着人家猛瞧吗，而且还流口水？！"

"啊？"我脱口而出一声惊叹，全班的目光一下子就聚集到我们这边。我把课本竖起遮住脸，摸了摸嘴角，果然湿漉漉的。

那一刻我就想冲着老天喊"劈个响雷让我穿越到那个男生到来之

前吧"！

为了声明我不是个看到帅哥就会流口水的脑残花痴，我压着声音为自己辩解，"那是睡觉留下的。"说完感觉有点儿欲盖弥彰了。

果然林静向我丢来一个"解释就是掩饰，掩饰就是事实"的白眼。

我撇撇嘴，偷偷转头看了男生一眼。男生一手转着圆珠笔，一手支着头看向窗外。不知道是不是我的错觉，总觉得他雕刻般的侧脸有种似有还无的忧伤。

我悄悄吐了下舌头。哼，伪文艺范。

晚上回家上网我跟陆安说："今天我们班来了一个转校生，就坐在我后面，如果没有害我被林静说成脑残花痴，那模样倒是极好的了。"我当然省略了那段睡觉流口水的事儿。

陆安很快地回道："如果能按言情剧情发展成两人一见钟情那便是再好不过了。"末了还发一个闪着红心流口水的表情。

我告诉他："看起来长得太嫩了，怕经不起我的摧残。"

接下来我就看到一行惊恐的表情和一句："哎呀，小生怕怕……"

我笑了。陆安是我的一个网友，我们没见过面，不过我知道他在我们邻城的一个高中上学，和我同届。

那天晚上，我做了一个梦，梦见我一直目不转睛地看着后座的男生，而后他突然抬起头，脸色白得像僵尸，他甩了下脑袋，又用一根手指抵着唇角，眼睛朝我放了十万伏特还不止的强烈光波，不停眨呀眨的，娘娘腔道："讨厌，你这样看着人家，人家会不好意思啦。"他话音一落，我猛地睁开了眼，看到头顶上熟悉的天花板。我大大松了口气，这梦真够重口味的。事实证明，帅哥看多了是会做噩梦的。

2

我不知道一个梦可以在脑海里存留多久，我只清楚昨晚那个可怕的影像恐怕要在我脑海里根深蒂固了，因为我一早看到后座的男生就不可避免地想起昨天梦里那个可怕人物，后果就是我又盯着人家一直看个不停。我是真怕他会突然变身，吓到老师和同学。

或许是觉得我的目光太过赤裸大胆，沉默许久的男生终于开口问我："同学，我长得很像你前男友吗？"

林静闻言很不厚道地"扑哧"笑了。

我"啊"了一声，回道："长得帅不就是让人养眼的吗？"

林静瞥了我一眼，我用脚趾头也能揣摩出她的心理活动：小样儿，还说昨天流口水不是因为看到帅哥？这下狐狸尾巴露出来了吧？

男生笑了笑："我是欧也。初来乍到，请多指教。"

"好说好说，鄙人顾蓝。"我说得颇有些江湖人的气势。默念了下他的名字，"欧也，你很'二'吗？"

他有些纳闷，"怎么说？"

"你看，"我比了个"耶"的手势，"哦耶，不就是'二'吗？"

他愣了会儿才反应过来，眼里波光潋影，嘴角划起的弧度软化了脸部坚硬的线条。他笑得很含蓄，可是很温柔，像是注视着一个爱恋许久的恋人，连眼角都微微向上扬起。

我有些发怔地看着他，不知道为什么就想起一句很美的词：你若盛开，清风自来。后来我碰到很多人，他们都有着形形色色，或张扬或柔和或美丽的笑颜，可没有一个像欧也这样明亮透彻的，他的微笑，就像是一朵不会凋零的花朵，永远鲜艳盛烈绽放在我单薄而又平静的十七岁。

他轻轻呢喃了句："有个人也这么说过。"

欧也同学只用一个表情就把我对他的那些坏想法全都秒杀了。不过我可不会当着他的面犯花痴，我就悄悄地无声无息地在他看不到的地方，偷偷"脑补"一下。

"诶！顾蓝，口水！还有，能不能别笑得这么猥琐？"林静鄙视道。

我朝林静眨了下眼，刻意娇滴滴地说："Baby，Baby！"

"你果然卑鄙。"林静做了个呕吐的表情。

欧也一直在旁边看我们打闹，而后他对我说："顾蓝，你真是个有趣的女孩儿。"

我嘿嘿地挠了挠后脑勺，学着蜡笔小新的声音说："呵呵，别这么夸我，我会不好意思的。"

林静一副"你彻底没救了"的表情。

晚上我发了一条消息给陆安："转校生帅哥的微笑是惊艳了我的岁月，亮瞎了我的双眼，所以我想把他抓来当我的压寨夫人。兄弟，祝福大哥我凯旋吧！"发完后我独自坐在电脑旁傻乐。

陆安的QQ是二十四小时在线，所以他很快就回复了："见过白痴的，没看过如此疯狂神经的。"后面附带好多只挥着手绢的小企鹅。

我大言不惭地回道："嗯嗯，再不疯狂我们就老了。"

入睡时我想起陆安在我下线时发来的一条消息，他说："顾蓝，别在十七岁轻易喜欢上一个人，因为一旦让他住进你的心里，那可能就得住一辈子。"

3

我不是个喜形于色的人，所以就算发觉自己对欧也的感觉多了那么一点儿暧昧，也绝不会在他面前显露出一点点的少女怀春。我们相处得就跟普通朋友一样，开点儿无关痛痒的玩笑，或者聊聊彼此的生活圈子、兴趣爱好。

这段时间我迷上了艺术体字，我在每本书的扉页都留下了我的"作品"，顺便也帮林静写上了。朋友间要互相分享嘛。

可是林静是白眼狼，她非但不感谢我，还死掐着我的脖子不放，"啊，死顾蓝，你怎么把我贴在课本扉页的《海贼王》贴纸全都撕了呀？啊，你还我草帽海贼团路飞、卓洛、娜美……"

"淡定，……"我奋力把自己的脖子从林静的魔手中解救出来。其实我是不想撕掉贴纸的，谁叫那些贴纸让我没落笔的地方。

"我呸。你还我干净的书本！"林静那眼光就是想把我生吞活剥了。

我缩了缩脑袋，把求救的目光投向欧也。欧也咳了一声："要不林静，我的书跟你换下吧，反正我的书还是新的。"说完自顾自打开了他的书本。结果扉页也有我的笔迹。

"呵呵，我不偏心的，都有都有。大家好才是真的好，你有我有全都有。"我瞄了瞄他俩，笑得很是死皮赖脸。

欧也轻轻笑了声，他的笑一直都是很温柔的，如沐春风。我其实偷拍过欧也的一张照片。那时他在书店挑书，我就站在离他几步远的书架后面，偷偷摸摸地举着我的诺基亚，对准他的侧影，"咔嚓"一声就把他永远留在我十七岁的记忆里。偷拍好后我立马撤退，仔细端详着照片里少年清俊而又沉静的面目，站在大街上笑得那叫一个花枝乱颤。

后来我把那张照片放进我空间的相册里。那个相册只有他的这一张照片，我还设了密码，问题是：最温柔的岁月里遇到最美的人。答案只有两个字：欧也。

4

我想过和欧也告白后的种种情况。最好的当然是两相情愿，皆大欢喜；不好不坏的话就是被拒绝，然后相安无事当什么事都没发生，继续做朋友；而最差的，大不了就是被拒绝后怕见面尴尬，干脆做对儿熟悉的陌生人。不过我万万没想到的是人家早就心有所属了。

是的，欧也有女朋友了，在邻城的一所高中读书。我这颗脆弱的小心脏哪，捧出来就跟碎了的饺子馅一样。

都怪我一时口快，一句"有没有女朋友呢"就那样脱口而出了。

其实我是想当他答没有的时候趁机告白："喂，我喜欢你，要不就从了我吧？"要是对方没这意思就找个借口说："只是开开玩笑你也当真？"然后继续我的暗恋。

可是欧也他给我的回答是："有。我很喜欢她。"

那一瞬间心里真的是百味交杂，然后几乎是神经反射性地问道："她长得怎样？"

"嗯，很可爱。"欧也掏出手机，打开屏保，一张清秀的脸映入我眼帘，女孩儿站在一棵茂盛的木棉树前，火红的木棉花衬着女孩儿的面容愈发粉嫩。她笑得很是调皮，嘴角扬起完美的弧度，微眯的双眼隐约透着一股甜意。

"这张照片是你照的吧！"我的语气很笃定。

欧也的眼睛深深凝视着手机屏保，以至于把我的问题都忽略了。他低着头，我无法看清他的面容。可我知道那一定是很温柔的神色。那个女孩儿多幸福呀，被如此美好的少年珍惜着。

这么一想，我的眼眶迅速泛红了，只好跑回座位，趴在桌上装死尸。

上课铃响，欧也突然说道："顾蓝，我准备这个寒假就回B城找她，有兴趣的话一起去？我想你会喜欢她的。因为她和你的性格差不多，很开朗乐观。"

还乐观开朗个鬼啦，你没看到老娘的内心正在淌血吗？不过我还是假装很开心地赞同："好呀好呀。"

欧也，我其实并不想看那个女孩儿，我只是想去看看你生活过的地方，并肩和你走过你曾经走过的大街小巷，还有流连过的各种风景。这样我就可以认为我们也曾在一起过，哪怕是自欺欺人。

上网时陆安听说我告白未遂便说道："顾蓝，要不我就勉为其难地收了你，我们凑一对儿怎样？"

我回道："我正在哀悼我的初恋呢，别来刺激老娘，不然等下我就从你家电脑屏幕爬出来，吓你个屁滚尿流。"后面附带一坨屎的表情。

陆安觉察出我的无精打采，发了几段搞笑视频给我看。我看得索然无味，最后连声招呼都没打就关掉了电脑。

5

我继续和欧也没心没肺地相处着。自从他给我看了他女朋友的照片后，现在每次谈话十句至少有九句都在谈论他的女朋友。

"她叫薛雨，名字很好听吧？"

"她很厉害的，成绩总在班级排前三……"

"我们是在元旦会演上认识的，我记得她当时唱了王菲的《流年》，我最喜欢的一首歌……"

"要不是因为父亲工作的原因，我想我们会一起高考然后考同所大学，都约定好了的……"

而我每次听他讲这些事情时都像个白痴一样附和着——"哦，是吗？""哇，好厉害！""嗯，感情真好。"我觉得照这个情势演下去，我离拿那个小金人的星光大道估计也不远了。

欧也讲起薛雨时，脸上的表情一直很柔和，乌黑的眼睛散发着淡淡的亮光，声音宁静而悠远。我从来没有见过他这种神色，他每说一次"薛雨"，我的心就莫名其妙地疼一次。

而后他突然对我说道："顾蓝，你知道吗？我很想她。"他的眼睑微微垂下，让人有种落寞的感觉。他的喜怒哀乐，我终究只是个旁观者。

我对林静咬牙切齿道："上天要是再给我一个机会，我发誓杀了我也不会问欧也那个'有没有女朋友'的问题！简直是拿石头砸自己的脚！"

林静推了推眼镜，以一种沉重的语气说道："节哀。"

我瘪瘪嘴，瞪了林静一眼，然后把脸埋在双臂间。我想起陆安说的，十七岁认真喜欢上的人会在心里住一辈子。

也许我的表演功力深厚，当欧也扬着明亮的笑容让我和他一起帮薛雨买生日礼物时，我没半点心理挣扎就答应了。盗用一句歌词就是"你这该死的温柔"。

我们步行到饰品店，欧也选了一条镂空棕榈叶形状的坠子。坠子很好看，当然价钱也是要你好看的。那么小的一条坠子竟然相当于我几个月的零花钱。啧啧，耍小资果然是要有资本的。

选完礼物天已慢慢黑了。走到十字路口刚想和欧也告别，他突然说道："顾蓝，我也送你件小礼物吧。"

那一刻我想我的表情应该是惊喜的。可是等欧也跑到街道另一边再折回来把"小礼物"放到我手里时，我的感觉就只能用一句诗来形容了：北风卷地白草折！

都不带这样的，欧也，你送薛雨坠子送我的竟然是气球！送气球也就算了，送的气球形状竟然是我最讨厌的美羊羊！好吧，其实不管你送什么我都会欣然收下，可你最后干吗还要画蛇添足地加一句"看它挺可爱的，蛮像你"！

欧也，你不知道吧，那天你转身后，我对着你的影子踩了好几下呢。

那个气球最后被我绑在了窗口。每当有风吹过，它就会碰到窗边的风铃发出"叮铃铃"的清脆响声。欧也，有时我坐在窗口写作业，会突发奇想会不会有一天你爬上这窗台给我一个出其不意的惊喜。不过我看了眼楼与地面的距离觉得还是想想就算了吧，只是，有时生活在幻想中的人也是幸福的呢。

6

很长一段时间我都在想，如果那天我没有去逛陆安的空间，如果那天我去逛陆安的空间后没有去看他的同学相册，如果看了他的同学相册后没有放大那张有欧也的照片，如果看了那张有欧也的照片后没有嘴贱地问了下陆安照片的由来——那么，欧也或许可以继续他的幻想，我也可以继续我无望的暗恋，现世安稳，岁月安好。

可是人生就是一张茶几，上面摆满了杯具。

照片里的男生我再熟悉不过了，是欧也。还有一个女生巧笑嫣然地站在他旁边，如果我记忆没有出错的话，那是欧也的女朋友薛雨。

"这张照片吗？"陆安答道，"那是高一时拍的，里面的人是我的同班同学欧也和薛雨。"

我愣了愣，这世界真小呢。虽然说欧也也是从邻城转校过来的，不过怎么也没想到他和陆安竟是同学。

"他们俩关系很好吧？"我问道。

"当时是我们年级公认的最佳情侣。"

虽然知道欧也有女朋友后渐渐地都死心了，可是再次从别人嘴里听到他们的美好，还是觉得有点儿难过。

我刚想再发句话过去，陆安先发了条消息："不过，薛雨已经不在了。"

我猛地瞪大了双眼，握着鼠标的手微微颤抖，"不在了？"

陆安可能也在斟酌话语，过了几秒发来一句："得了一种顽疾，高一下学期做完手术就没再醒过来。"

高一下学期？顽疾？没再醒过来？我的眼里紧紧地盯着这几个词。心不停地往下沉，"你是说，薛雨死了？！"

"当初我们这些平日相处较好的朋友也都无法相信，不过最心痛的应该是欧也，你是没看到，他……"

陆安接下来的话我都没看清楚，因为泪水已经迅速充盈我的视线。

我想我终于知道为什么第一次看到欧也时会觉得他全身萦绕着一种无法言语的忧伤，为什么当他看薛雨的照片时表情是无比的迷恋，为什么当他说起薛雨时话语是那么寂寥。原来，他一直都活在有薛雨的世界里，他在逃避薛雨已经离开的事实，所以反复谈论着薛雨的事，只是因为怕薛雨被人遗忘掉，他一直让自己认为她还在这个世界，从未离开。

接下来好几天看到欧也我都绕道走开，在班里也没有再和他打闹说话。有时欧也会用笔点我的后背，我干脆趴在桌上，假装睡觉。偶尔听到欧也和林静说："顾蓝是不是生病了？这几天精神很不好。"

林静这厮竟然无所谓道："她要是生龙活虎起来我的精神才不好咧。"

我这次都懒得对她翻白眼了。

一天放学后在校门口看到欧也，我可以肯定他是在等我。因为他一看到我就快步地走来，披着霞光的身影晕染开一层柔和的金色光芒。他带着温柔的笑和温煦的语气喊顾蓝时，我的脚步就挪不开了。

我们一起走到护城河时我突然对他说："欧也，能把你要送给薛雨的坠子给我看看吗？"

他有些愕然，不过还是点头从挎包里拿出那个包装很精美的盒子。我快速夺过那个盒子然后使出很大的劲儿把它丢在了河里。

真的是很大很大的劲儿，因为做完这个动作后，我觉得全身的力气都被抽干了。

别看我做这个动作很潇洒，其实我内心很慌张很害怕。我不怕欧也暴怒，我是怕他要我赔钱。相当于我几个月的零花钱就这样打水漂了。

欧也显然还没反应过来，他蹙着眉问我："顾蓝，你怎么了？"

"薛雨死了！欧也，她已经死了！"

我其实是很想像《梅花三弄》里的马景涛一样拼命地摇他让他接受现实的，不过对比了下身高差距，真怕在我还没摇动他之前他已经一怒之下把我丢进河里了。

我像个讨不到糖果的孩子一样蹲在地上哭。我也不知道为什么我要哭，心好像被一只无形的手紧紧抓住揉捏，疼得喘不过气。"欧也，薛雨已经死了，真的死了……"

泪眼模糊中我看到他走近，棱角分明的脸变得有些苍白，嘴唇抿紧了又松开。然后他抬手捂住自己的眼睛，我看到泪水从他指间的缝隙中流出来。

"我知道的……只是，我就真的只是很想她……顾蓝，你知道吗？要是这个梦碎了我就再也找不到什么可以去想念她了。"而后他也蹲下身，看着我的眼睛道，"顾蓝你别哭，我想你和薛雨一样无忧无虑地开心。"

那一刻我差点儿脱口而出："欧也，你别想薛雨了行不行？欧也，你喜欢我行不行？"

我喜欢你，在卑微里开出了花。

7

欧也送我的气球飞走了。亲戚家的一个小孩松开绳子时手一松它就飞走了。

小家伙乖乖地道歉："姐姐，你别生气。说不定它飞走了，是想要找到更好的天空呢。"

我笑了笑，说不生气。然后抬眼看了下已经飞远的气球，我想留在原地始终是个错误，离开某个地方才能向往更辽阔的地方吧。

我后桌换了个男生，欧也离开这所学校了。他没跟我道别，我也不知道他去了哪里。

林静说："喂喂，这次也是个帅哥呢，怎么不见你疯狂？"

因为他不是欧也呀。而且，有些事只能疯狂一次。我看着林静摸不着头脑的迷糊模样，笑着骂了句，"傻丫。"

林静又作势要掐我，我一边闪一边朝她扮鬼脸。后桌的男生突然道："顾蓝，你真是个有趣的女孩儿。"

我愣住，林静抓住机会往我脸上捏了一把，然后她就被我脸上的泪水吓到了。

"我下手不重呀。有那么疼吗？喂……"

"疼死了。"我埋怨道。抹了下眼角，"真的很疼很疼的。"

打开有段时间没上的电脑，陆安的头像闪了闪。点开，"顾蓝，现在我总是用黑人牙膏刷牙，早中晚都刷。要是这个寒假我去看你的话，你一定会被我一口洁白牙齿闪瞎双眼的，然后说不定就会喜欢上我呢。喂，顾蓝，你别想欧也行不行，你喜欢我行不行？"

陆安，在青春这场懵懂的爱情里，我们都是爱到无力的傻瓜。

我跑到窗口呼气，眼角骤然瞥见一个熟悉的身影。在看到我这边时，迅速在角落里隐去。我连忙跑下楼，可刚才看到的身影像是一个幻觉。我挠头，苦笑，想太多了吧。其实欧也，我已经不奢望你能喜欢我了，我只是希望，你能一切安好。这是一个暗恋者，对那个喜欢的少年，最卑微也是最真诚的祝福。

巷口隐蔽的一个角落，一个少年渐渐走出。他看着女孩儿离去的身影，脸上的笑颜温暖和煦。

一如顾蓝最初见到的那样。

蓝小朵行走的蘑菇城

三烟树

纯棉白 T 恤，彩虹裙

暴雨是在放学前的几分钟突然下起来的，气势汹涌，一落地就扯起了狂风和黑暗。

蓝小朵觉得这是她最后的机会了，她不动声色地把自己塞进了人群。学廊里挤满了高三毕业班的同学，他们中间盛开着各种热闹：互留电话QQ，相约一起去大学报道，谈论海贼王，讲某个校草八卦……

蓝小朵很认真地听着，不时被某一个热闹里的喜悦气氛感染，微微地笑起来。其实，今天蓝小朵是很想融进这些热闹的，毕竟，过了这个大雨瓢泼的下午，身边的同学有可能再也见不到了。

昨天夜里，她突然想到了"后会无期"这四个字，心里颤颤地揪了一下，有一点儿难过，还有一点儿自责。高中三年，她把自己埋在厚厚的蘑菇头里，甚至连一半同学的名字都叫不上来。她使劲儿搂了搂乱糟糟的被子，原来这三年自己的日子和学业一样失败啊。

早晨，蓝小朵没用老妈喊破喉咙，乖乖地起了个大早，破天荒地打扮了自己：纯棉白T恤，彩虹裙，一直乱蓬蓬的蘑菇头用清水打理得服帖顺滑。她想在最后的毕业欢送会上，让大家记住一个干净、温暖的蓝小朵。

不过还是失败了呀，欢送会上的离别、珍重、忧伤或者喜悦，像一个个彩色的泡泡升腾起来，它们属于三五成群的小圈子，或者某些明朗活泼有很多朋友的同学，蓝小朵夹杂在其中，是若有若无的空气，既不被讨厌，也不被喜欢，最最重要的是，根本没有人想起她来。

雨还是下得汹涌澎湃，走廊上的热闹却渐渐冷了，一些人让家长接走了，还有的结伴冲进了雨帘。他们呼唤着各自的伙伴，甚至没有人向蓝小朵告别。唔，这样说也不对，不管怎样，田虹是问了蓝小朵，要不要一起走的。

如果说蓝小朵曾经有过朋友的话，那么田虹就是唯一的那一个。不过蓝小朵后来有点儿怕她，倒不是她有多泼辣和难以相处，实际上大多数时候田虹是个既温暖又热情的姑娘。蓝小朵怕她，完全是因为担心自己会一不小心激起田虹的挑战欲，那种永远要得第一、为了实现某个目标而不惜一切的欲望，带着强烈的攻击性，蓝小朵总是觉得躲闪不及。

但是今天，被忽略了一整天的蓝小朵，忽然得到了一点儿关心，她满心的欢喜全都绽放在了脸上，她开心地说："好哇！"

蓝小朵突然的热情好像吓到了田虹，她有些始料未及，后面的话也说得啰唆："我一会儿去君庭酒楼，升学宴……嗯，我舅舅来接我，要不……我们一起走到校门口吧。"

原来人家根本就没想邀自己一起走，只不过是客气话而已，真是……好尴尬。蓝小朵咬住嘴唇，不好意思地笑了下，说："不用了呢，我爸一会儿来接我。"

田虹很认真地瞪大眼睛："你和爸妈的关系变好了呀！"蓝小朵更加尴尬了，然后田虹暖乎乎的手就抓住了她冰凉的小臂："蓝小朵，别气馁，今年没考好，再复读一年，为自己争个好未来！"她今天的语调有点儿特别，在激昂和亢奋里还有一点儿别的东西，蓝小朵觉得那几乎可以称作温柔。

蓝小朵低下头把脸埋进了蘑菇头里，点着头说："好的。"她的脸微微烧了起来，因为田虹真诚的关心和她熊熊燃烧的小宇宙。

没想到啊，蓝小朵你画得还真不错

蓝小朵从发丝的缝隙里看着田虹的脚步越来越远。她穿了一双深灰色的徒步鞋，铿锵地踩过积水的路面，一大片水花在她脚下"吧嗒、吧嗒"地盛开着。

田虹走路的样子一点儿都没变，蓝小朵叹了一口气。高一那年的春天，她们"分手"的时候，田虹也是这么铿锵有力地走出蓝小朵的世界的。

是怎么成为朋友的呢？蓝小朵几乎不记得了，但最初的日子是很美妙的。蓝小朵，孤僻的蓝小朵终于有朋友了呢。她们像所有的闺密一样，黏糯而温暖。特别是蓝小朵，对待这段友情像对待限量版的海贼王漫画一般，小心翼翼。蓝小朵完全没有发觉，自己珍惜得太过谨慎，就有了巴结讨好的意思。当然田虹也没有发觉这一点——从未在班长这一职位上失过手的田虹，早已习惯了被奉承被讨好。

后来，如果不是偶然的某一天，她们发现彼此都热爱画画，蓝小朵和田虹的友谊，还是会持续很长一段时间的。

画画是唯一一件蓝小朵比田虹擅长的事。田虹不止一次地问蓝小朵："你是用什么办法画得那么好看？"蓝小朵每次都说："不知道哇。"

听起来真的是很气人的样子，可是蓝小朵真的不知道，为什么她就能画得那么像，就好像她天生就很会用画笔似的。如果一定一定要说，她用了什么办法的话，那可能就是每次她画画的时候，都很专心地投入。甚至有一次，她竟然在班主任的外语课上全情投入到画纸上，根本没有听见班主任叫她起来回答问题。

结果当然是，她的画被没收，然后又被罚站。不过这些和她的画相比，都算不了什么。她唯一担心的是，画了一半的广玉公主能不能还给她？

出乎意料的是，老班不但把画还给了她，竟然还推荐她参加了一个漫画大赛。老班是个头发花白的老太太，温和的目光从圆眼镜的后面投射到蓝小朵的脸上，说，没想到啊，蓝小朵你画得还真不错。

后来蓝小朵得了个三等奖，在校园里还小小地轰动了一阵子。那阵子，蓝小朵走到哪儿都会听见有人议论她的名字——

"听说有人得了漫画大奖耶，很了不起呢，好像是一个叫什么小朵的人。"

"是蓝小朵啊。"

"没有听说过……是高三的学姐吗？"

"不是啦，就是我们高一的，不过还是不知道是谁。"

……

这个时候身边的田虹就会用手肘推推蓝小朵，说："出名了耶！"

蓝小朵羞涩地抿下嘴唇，迅速把脸藏在蘑菇头里。其实，她好尴尬啊，一点儿都不想出名，像被丢到了汹涌的大海里，无依无靠的。可田虹一点儿都不了解她，田虹以为蓝小朵心里一定美坏了，终于扬眉吐气了，却还装清高。田虹说："我都听说了，这次比赛参加的都是不怎样的选手，不过是市里举办的小比赛，大咖都不屑去。"

蓝小朵心里有点儿扎扎的，但还是慢吞吞地说："在论坛里看到了，听说是这样的呀，要不怎么我会得奖呢。"田虹斜睨了她一眼，什么都没说。这时候，有人来问田虹团费要怎么交？田虹立刻就站了起来："我这就帮你交给团委的老师。"她急切地像是要甩掉什么似的，根本没顾那个同学有些不好意思地说不用这么着急啊，当然更没顾得上蓝小朵的尴尬，就那么掷地有声地走出了教室，也走出了蓝小朵的世界。

不会魔法的哈利·波特

"锁门啦——"门卫大爷摇着哗啦啦响的钥匙盘，冲着在走廊边上发呆的蓝小朵喊着。凉风一下吹散了回忆，蓝小朵深深吸了一口气，用手遮住头，冲进了大雨里。

身后传来大爷若隐若现的呼声："哎——你这个孩子——给你一把伞，你跑什么呀？"

蓝小朵就是这样自以为是，把自己罩在透明的结界里，屏蔽掉了别人才送出一半的情绪，她才不管那后面的一半是讨厌还是关怀。

转出学校的大门，蓝小朵就把举在头顶的双手放了下来。她发现真是多此一举，雨那么大，一双手能遮住什么呢？蓝小朵顺势把手插进兜里，反正都要淋湿了，匆忙和从容的结果都一样，那还着什么急呀。

忽然，头顶的雨似乎停了，可是前面水坑里的雨花儿还很大，蓝小朵迅速而奇怪地抬起头，然后就看见一顶黑色的大伞正罩在自己的头上。

她吓了一跳，条件反射地逃出了黑色大伞。这时一只有力的手又把她拽了进来，"你有病啊，这么大的雨不打伞！"

蓝小朵抬起头，看到黑雨伞的主人是个面容白净的男生，穿一件同样干净的蓝格子衬衫。蓝小朵的目光停留在他胸牌上，是同一个学校的呢，也是高三生。

蓝小朵的眼睛里显出迷惑的神情，自己有见过这个长得有点儿像哈利·波特的男生吗？"脑补"几秒钟之后，肯定，没见过！

几乎就在同时，蓝小朵变得局促不安起来，浑身像扎满了刺儿，她实在不喜欢跟一个陌生的男生挨得这么近。她把头低了低，想着怎样才能顺利从黑伞下逃走。

"哎，你别想逃哦，""哈利·波特"淡淡地开口道，"我和你顺路的，一直能把你送到家。"

蓝小朵惊讶地瞪大眼睛，不可置信地看着"哈利·波特"，全身都挂着问号：拜托，我和你很熟吗？

"哈利·波特"微微一怔，试探地问："你……不认识……我？"见蓝小朵还是那样惊异地看着他，"哈利·波特"轻松地一笑，

"我认识你呀，你是高三（4）班的蓝小朵，坐在靠窗倒数第三排，画画得过大奖，很多人都知道你。"

咦，全对！除了"很多人都知道你"。蓝小朵瞪圆的眼睛里闪过一丝疑惑：难道……真的是我的粉丝？我也有粉丝？

"哈哈！原来你长这样的啊……""哈利·波特"白净的脸上展开一抹顽皮的笑。

蓝小朵的脸一下涨得红热。

"呵呵呵，蓝小朵，我一直以为你脸上有疤呢。你长得……不难看啊，干吗总藏起来？"

真是个话痨，蓝小朵在心里暗暗地想。

原来，都是恶作剧而已！

雨一直下着，马路上形成了一层光亮的水膜，把路灯、车灯还有闪烁的霓虹灯投映出五彩斑斓的色彩。虽然是雨夜，周围却像是透明的，亮晶晶得，很好看。

最开始她的蘑菇头矜持地保持着严肃的造型，可是哈利·波特实在是个太有趣的男生，而他又知道太多老师同学的八卦，不知道从哪个红绿灯的路口开始，蓝小朵的蘑菇头不淡定了，一会儿是惊异的，一会儿是欣喜的，一会儿是好奇的……连她自己都没注意到，晚风吹散了她的头发，把她小小的苍白的脸蛋儿暴露在了亮晶晶的霓虹之中。

蓝小朵第一次觉得，回家的路怎么这么短啊。她远远地就看见了小区门口的香樟树，树影婆娑的样子今天格外地讨人厌。

"哈利·波特"的脚步也慢了下来，和她一起走到香樟树下，沉默了一会儿，语气有点严肃地问："蓝小朵同学，你……真的，不认识我吗？"

蓝小朵的心怦怦乱跳，瞎想着，他不会是同班同学吧？她被自己的想法吓了一跳，怎么会？！同学三年居然不认识人家？这得有多变态啊……

"哈利·波特"像是能看穿她内心复杂的挣扎，用眼神鼓励了她一下，说："请继续想下去。"

蓝小朵尴尬地扯扯嘴角，表示无能为力。"哈利·波特"见她这个样子，绝望地抱了抱拳，"佩服！佩服！"

然后"哈利·波特"上前一步，摇了摇头说："蓝小朵同学，你听好了，我，是，你，的，后，桌！我叫苏洪涛！"

吓！蓝小朵满脸的黑线：是，后桌！！

居然是后桌，那岂不是天天见？蓝小朵面容扭曲地想了想，然后迅速让"哈利·波特"转过身去，看了半天，又说："你……做趴桌子状……"

"哈利·波特"无奈地弓腰屈臂，然后就听见蓝小朵的惊呼声："真的是你啊！"

高三（4）班的教室有前后两个门，蓝小朵每次都从后门进班，所以，每一次她看到的都是大家的后背。

所以，就算是后桌，蓝小朵记得的也只是"哈利·波特"的懒洋洋的背影而已。

蓝小朵想，其实她应该道歉一下吧？也许吧？前后桌那么久，自己居然不认识苏洪涛。可是，可是为什么，她觉得更加委屈呢？本来她以为"哈利·波特"真的是她的粉丝，真的以为自己也会在别人心中留下浅浅的一点儿印象呢！原来，都是恶作剧而已！

存在感本来就不是那么强的蓝小朵在高中的最后一天，不但没有收获任何友情，反倒被狠狠取笑了一番。蓝小朵想到自己这一天的委屈，想到失败的学业，想到自己想和某个人成为朋友却总是不能如愿……

蓝小朵看着自己早上精心搭配的白T恤、彩虹裙已让雨水淋得皱皱巴巴，浅色的帆布鞋上挂着脏泥巴。她忽然就哭了，小孩子那样委屈得哇哇地大哭，她打开苏洪涛伸过来的惊慌失措的手，把雨伞狠狠地摔在雨水里，然后逃进了黑漆漆的夜色中。

苏洪涛看着蓝小朵逃走的方向。有点儿傻掉了。

空荡荡的天花板和脑海中绚丽的色彩

蓝小朵第二天很晚才起床，因为昨天淋了雨又没睡好，鼻子塞塞的，头也疼，好像是有点儿严重的感冒。

可是头再疼也比不过高考的结果让人心烦。全班只有她蓝小朵一个人没有考上大学，她只打了一点点可怜的分数。之前她想考美术学院的，可爸妈坚决不同意。在解不出题目的深夜，她只好看着空荡荡的天花板，用脑海里绚丽的色彩画画。

公布成绩的那天，蓝小朵试探地问老妈，如果再复读一年，能不能……让她考美术学院?

说这话的时候，老妈正在做饭，她连看都没看蓝小朵一眼，只是突然把勺子和锅弄得叮当乱响。蓝小朵真的觉得好绝望，如果再过一年白痴一样盯着夜空画画的日子，她一定会疯掉的。蓝小朵决定，参加完高三的最后一个同学聚会，她就要去打工了，偷偷地溜走，她再也不要过那样生不如死的日子。

老妈见她迷迷糊糊地坐在床上，端了一碗热汤过来，看她一边吸溜吸溜地喝汤，一边装作漫不经心地说："小朵，要不……你再复习一年……"

蓝小朵心想，我才不要再整天沦陷在数理化里，要复读你复读!当然，她什么都没说，只是一仰着头喝掉最后一口汤，把碗一放，又钻进了被窝里，鼻音浓重地咕嘟："我要再睡一会儿。"

过了好半天，老妈的声音隔着厚厚的棉被传进来，"再复读一年……你想考美术学院，就考吧。"然后，蓝小朵听见了房门被轻轻带上的声音。

蓝小朵一下坐了起来，心情很复杂，其实应该很开心吧，但好像也没有；是惊讶吗，似乎也不是。总之有点儿怔怔的，说不出来的感觉。

然后蓝小朵就看见书桌上有一个蓝色大理石纹路的笔记本，那不是她的本子，她从来不喜欢蓝色。蓝小朵奇怪地抓过本子，翻开封皮，扉页的最上面写着：送给好姑娘蓝小朵。落款是：高三（4）班全体同学。

蓝小朵的心忍不住狂跳起来。

嗨，蓝小朵

蓝色笔记本里的纸很厚，泛着奶油色的哑光。蓝小朵一页一页地翻开，她的惊讶越来越浓。

大多数人写得很少，只是一些简单的祝福。但也有人写得很热情，说虽然我们几乎没有说过话，可是很羡慕你是个很有才华的姑凉……

有人写，一般艺术家都是孤独的，所以高中三年来我都没敢打扰你的孤独……

还有一个人写着，蓝小朵，真抱歉，我只记得你不见天日的蘑菇头和上课回答问题时比蚊子还小的声音，我相信你也不会记得我，哈哈，不过没关系啊，当很多年之后，我们回忆起来的时候，我们都会记得高三（4）班，记得我们各自这段乱七八糟的青春，就行了啊。

这个人没有署名，字迹也是歪歪的，像马上要化掉了的冰激凌，软糯糯的，但说出来的话却有点豁达，又有点玩世不恭。蓝小朵歪着头想了想，似乎可以想象出这个同学正歪着嘴角，斜挎着书包，似笑非笑地嘲笑这个世界。

蓝小朵忽然觉得好神奇，她仿佛一下就和大家拉近了距离。她仔细地，一页一页地翻过去，从笔迹和祝福的话里想象那个人的样子。

蓝小朵沉迷其中，她觉得自己终于融入了人群，虽然是以这种方式。

在蓝色笔记本的最后一页，满满的全是文字。字迹规矩、工整，细长瘦弱却很有力。蓝小朵想，这一定是个外表有些文弱但内心却非常坚定的家伙。

果然，那一页是这样写的：

蓝小朵，你很惊讶吧，其实，我也一样很惊讶：自己到底是哪根神经搭错了线，突然就想帮你收集一本毕业留言册呢？也许是因为你和小时候的我很像，是个没什么存在感的小破孩儿，或者是因为趁你课间出去的时候，我偷偷地看过你画的漫画，很孤独很忧伤的感觉……总之，不管怎么样吧，我帮你收集了这本毕业留言册。

你要知道，这很难开口的，特别是一个男生帮一个女生做这样的事情。但奇怪的是，大家竟然都很配合，也没有用古怪的目光打量我，或者他们觉得像你这样的艺术家就是这么特立独行吧。

你也看到了，你并不是像你想的那么没有存在感啦，如果你抬起头的话，你会发现，至少每个人都叫得出你的名字。

……

这页纸的最后两行写着：

蓝小朵，请坚定你的梦想，因为我们所有人都肯定，你是一个艺术家哦。

落款是工工整整的签名：苏洪涛。

这突然而至的关怀，让蓝小朵有些震惊，等她回过神的时候，却发觉鼻子酸酸的，鼻塞更加严重了。这份陌生的，甚至有些唐突的关心，让蓝小朵有些不知所措，到目前为止她记得的也只是苏洪涛在昨天的雨夜里"哈利·波特"似的样子。

这个笔记本是怎么放到她的书桌上的呢？蓝小朵抽抽塞住的鼻子，使劲儿集中了一下精神，把昨天和今天的事串起来想了想。嗯，应该是苏洪涛一大早就把这个本子送了过来，而老妈也一定仔细地看过了。看到自己的女儿在同学的心中竟是个不折不扣的艺术家，所以，她

035

动摇了，肯让自己考美术学院。

　　蓝小朵叹了口气，放下蓝色的笔记本，钻进被窝，左一圈右一圈，快乐地把自己密密地卷进被子里。虽然鼻子还很难受，但她觉得轻松多了，也许苏洪涛说得没错，只要她自己肯从蘑菇头里钻出来，就会发现世界根本不是她想的那样。

　　然后她就想起昨天田虹也是那样很真诚地鼓励自己不要放弃，也许她的画得奖的那个时候，有些嫉妒的田虹也许未必是真的想抛弃她，只不过是一时的意气罢了，只是后来她自己也放弃了。

　　蓝小朵迷迷糊糊睡过去之前，忽然在脑海中冒出来这么一句话：如果想让别人怎样对你，就先怎样对待别人。蓝小朵想，这也是一种成长吧？

　　蓝小朵还想，那么明天就想办法要到苏洪涛的电话号码吧。

地角天涯未是长

　　爬了好久的楼梯才知道所谓的秘密基地就是你的家了。木质的地板，很小但是很温馨。你的家很干净，即使地上散满了画纸与画册。有一扇明净的窗，窗台养了一盆观音竹。这样就够了。我没想到你家是这样的。很意外，也很高兴。

当爱靠近后湾里

陌浅狸

单身久了，从等待王子的睡美人等着等着就变成恶毒的女巫

我要"脱光"！

你没看错，这就是外语系宁小黎光棍节前夜更新的微博空间以及人人状态，不知道的还以为是大龄剩女恨嫁，实际上宁小黎才上大一，而让她迫不及待想脱离单身的原因是寝室六个妹子只有她独身一人，空间微博一登录就是各种秀恩爱各种甜蜜，一开始宁小黎还不为所动，可时间一久她就破功了，也想找个人陪她一起牵手看夕阳或是骑车去兜风。

"单身"久了，宁小黎也会恶毒地想，那些无时无刻不在秀恩爱的情侣最好第二天就分手，自己最好在下一秒就能遇到命中注定的缘分。可是上天就偏不遂人愿，这条状态一直孤零零地挂在个签上，像极了宁小黎的剪影。

宁小黎也主动搜寻过，别系的男生都极少认识，也不好意思搭讪，而外语系的男生本来就屈指可数，基本都有女朋友，剩下为数不多的"单身"都在和宁小黎打游戏或是做活动的过程中发展成了好兄弟。其实也有男生向她似有若无地表示好感，但她就提不起兴趣来，怎么说

呢，强扭的瓜不甜嘛。

时间就像水草一样长啊长，宁小黎的生活一直按部就班前进着，直到遇见了以楚意为首的一群二货。

认识楚意他们几个是在大一的暑假，她在青岛一家名为后湾里的国际青旅做义工。应聘义工的人很多，从小清新到御姐各路人马都有，宁小黎心想，完了，这下没戏了。幸运的是英语专业帮了她很大的忙，让她成为唯一一个留下来的人。

刚进去的第一天就有一个齐腰长发的姑娘给宁小黎做介绍及培训，从换洗床单到煮咖啡，温柔又有耐心。后来才知道她叫夏明媚，是店里的长期义工。宁小黎偷偷在心里给她贴上了"女神"的标签，相比之下她觉得自己简直就是一猥琐而又无节操的女汉子。相处时间久了，宁小黎发现她的温柔只是徒有其表。夏明媚经常会和宁小黎讨论哪位顾客好帅、哪位明星又分手了、哪里的海鲜便宜又地道之类很接地气的话题。很多次在夏明媚毫无形象仰天大笑后，宁小黎会一脸黑线地想自己当初怎么会觉得这姑娘不食人间烟火呢，真是不可貌相呀。不过也正是因为她那丝毫不做作的性格让宁小黎喜出望外，"此乃同道中人啊"。

于是，友谊迅速地建立起来。

公主的纯情写在脸上，女巫的深情种在心里

青旅里每天都有中国各地甚至世界各地的人来往，肤色、种族、年龄各不相同。有的人背着行李风尘仆仆从一个地方辗转到另一个地方，有的人一身轻松不急不躁坐下来与别人分享他的故事。楚意就是后者里为数不多的帅哥，线条流畅的脸，挺拔俊朗的身型，宁小黎初见他的刹那脑海里就蹦出来一句诗：陌上人如玉，公子世无双。

宁小黎总觉得自己有一种特异功能，对异性有很敏锐的直觉，见到异性的第一眼就能判断出自己会不会喜欢上这个人。所以第一眼看到楚意的时候，宁小黎就感觉不妙，自己一定会喜欢上这个人。

所以她在前台登记完楚意的信息后就偷偷记了下来。还没等宁小黎深入了解，夏明媚就把楚意介绍给她认识。

"来来来，小黎，介绍个朋友给你认识。这是楚意，林小白的发小，也是我们这儿的常客，二货一个，现在边旅行边写作。因风流倜傥放浪不羁所以人送外号'楚留香'来着。"

楚意挑了挑眉毛，"喂喂喂，注意说辞啊，爷是深情无双楚留香啊。"

宁小黎眼里满是促狭的笑意，"我叫宁小黎，性别女，爱好男，初次见面请多指教。"

"既然都是后湾里的一分子就不用这么客气了，我这次会在这边待很久哦，无聊的时候可以找我玩儿。"

楚意笑起来很好看，只是唇很薄，宁小黎听别人讲这样的男生大多是浪子且很薄情，不过管他呢。

不怕丢人，宁小黎觉得自己好像喜欢上他了。

晚上的时候很多背包客围坐在院子里谈天说地，分享在旅途中的奇闻趣事，而宁小黎趴在前台百无聊赖，上网听音乐刷微博，但是心怎么也静不下来，她时不时偷瞄着外面的动静，楚意在和哪个女生说笑、楚意皱着眉头在讲什么、楚意是不是向她这边看了……宁小黎抓狂地挠着头发，心里想再这样下去她一定会神经衰弱，直到楚意扯着嗓子叫她。

"哎小黎，过来一起玩啊。"

宁小黎心跳到嗓子眼表面却还是不动声色，"我不去，林小白会扣我零食的！"

楚意继续吼："扣你零食算我的，爷带你去吃香喝辣的！"

那一刻，宁小黎觉得楚意在她心中的形象又上升了一个level。

"早说嘛。"宁小黎一屁股坐下来，而后又暗自懊恼这样是不是太不矜持。

女生暗恋时的小心思总是要在肚里绕几个弯儿的。

对了，忘了和大家介绍林小白了。林小白是宁小黎的老板，本名林千帆，因皮肤极白便得此称号，是个不折不扣的文艺男青年，有月牙般眼睛和淡淡酒窝，板寸、黑框眼镜、单反是他的标签，大四时从北京一路旅行到西藏，最后旅途归来决定留在青岛开一家青旅，从平面改造设计图到装修垃圾都亲手设计、处理。"你可以用脚步丈量世界，也可以在青旅等着世界找你。"就是主页上的这句话吸引了宁小黎发简历应聘。

记得当初应聘时林小白问宁小黎，钱和旅行哪个更重要。

宁小黎很诚实地回答说："钱。"

而后他又问："那你来做义工的目的是什么？"

宁小黎认真地想了想，"我没钱用脚步丈量世界，但我可以在这里等着世界找我。"

他突然就笑了，当然至今宁小黎还没明白他到底笑的什么。

王子温柔地唱一首歌，巫婆的心就化成了水

后湾里的小伙伴都有个共同的特点，几乎人人会做饭，而且口味各不相同。

夏明媚是成都姑娘，烧得一手好川菜，每次他们几个大快朵颐地吃着酸菜鱼时，宁小黎都会谄媚地讲："明媚啊，你这么好的姑娘以后谁娶了可是享福了。"只有不能吃辣的林小白眉毛拧成结一副欲罢不能的模样。宁小黎是江苏妹子，她那边的菜主要以炖、焖为主，重视调汤，而她最擅长的就是炖鸡汤。每次鸡汤还未上桌，几个吃货就团团坐兴奋地拿筷子敲打桌边，"开饭啦开饭啦饿死啦饿死啦！"楚意叫得最大声，却是林小白吃得最多。而楚意和林小白是北京人，两人最擅长的就是酱料，什么酱爆鸭丁、京酱茄子、酱猪蹄子，什么都难不倒他们。每天傍晚的时候，林小白也会做一些银耳汤之类的甜品或者去买那种很大的西瓜几个人用铁勺分着吃。

宁小黎值晚班时偶尔会趴在前台睡着，醒来时就会发现有一件薄毯盖在肩上，她分析了一下，明媚早就睡了，林小白平时总唬她，那么只剩下会熬夜写专栏的楚意了。这样想想她的嘴角就忍不住上扬起来，像只怀春的猫。

小暑那天相当燥热，乌云大片压在头顶但就是不下雨。直到晚上，第一道闪电划破整个夜空，潮湿闷热的空气片刻间一扫而光，夏夜的雨就哗哗啦地下来了。

青旅里的人不是很多，宁小黎要玩真心话大冒险的提议得到了全票通过。包括旅客在内的十个人在大厅沙发上围成一圈，依次转动酒瓶，瓶口指到谁谁就遭殃，真心话或是大冒险自行选择。

林小白是老板，第一局的生杀大权掌握在他手里，酒瓶在桌上转了几圈，最后瓶口对向了一位黑龙江姑娘。黑龙江姑娘腼腆地唱完一首歌后又开始了新的一轮厮杀，而这次瓶口对向的是楚意。楚意无奈地笑了笑说："我还是选择大冒险吧。"

林小白即刻爆料这家伙弹得一手好吉他，于是旅客纷纷起哄来一首来一首，宁小黎心里也有隐隐的期待，会弹吉他的男生很温柔呢。

楚意哑然失笑，"倒是会弹棉花。"但说完就上楼抱了一把吉他下来。

好家伙有道具，肯定是练过的。

他清了清嗓子："嗯……要不就朴树的《生如夏花》吧。"

第一声吉他声响起的那一瞬间，所有人都安静了下来，脸上充满了期待。

"我从远方赶来，赴你一面之约……"英挺的轮廓在清凉的声线中变得柔软起来，就像童话中的王子。曲毕，全员拍手称赞。夏明媚用胳膊肘捣了捣身旁失神的宁小黎，没想到宁小黎脱口而出，"唱歌这么好听，到大马路上卖唱早就发家致富了啊。"结果换来一屋子人鄙视的眼神。

"呃……我还是不讲话了吧……"

其实没有人知道因为这轻柔的歌声，宁小黎心底有什么东西像是被唤醒，破土生根发芽，一瞬间开出小小的花。

最后一次瓶口指向宁小黎，而发问人是夏明媚。在听完楚意唱歌后她犹豫了半天，心想还是别丢人了吧，选择真心话。八卦的夏明媚怎么会轻易放过她，满脸狡诈："在场的异性里有你的菜吗？"

宁小黎恨不得一头撞死，还不如选择大冒险。

"有。"

"是谁是谁？"

"一个问题到此结束。"

哎嘻……人群里发出遗憾的叹息声，果然都是八卦的主啊。

宁小黎噔噔噔上楼，留下一句："天色不早了，大家快睡觉吧。"

睡觉前她又和在澳大利亚留学的闺密开了会儿视频，藏不住眼里、眉梢的喜悦，兴奋地讲："我和你说哦，我们这儿有一个小伙子，他弹吉他的样子真是酷到没朋友啊，刚好是我最喜欢的歌，第一次见人弹吉他这么帅……"噼里啪啦讲了一大堆，围绕的重点都是楚意。

闺密在大洋彼岸的另一端依旧没放弃嘲笑她，"得了吧，我还不了解你？你就是花痴，你就是看人家长得帅，别说弹吉他，他就是拉二胡你也会觉得风度翩翩。"

宁小黎想了想，若有所悟地点了点头，还真是那么回事。

是自己喜欢的人啊，所以无论怎么样都觉得好看吧。

童话书都是这样写的，王子只会爱上公主，巫婆什么的只能做配角

日子就这样不愠不火地过着，不需要工作的时候他们就集体出去看看海逛逛街拍拍照，舒服得不像话。

直到农历七月七日那天，楚意带了一个姑娘回青旅，浓情蜜意地介绍给大家。那姑娘名叫易卿，浓眉大眼，巧笑倩兮。青旅里祝福声此

起彼伏。夏明媚打趣道："原来我们楚留香倾心的是温柔佳人啊。"宁小黎也混在人群中违心地笑着，却又不得不承认两个人搭在一起简直是天作之合，要是自己站在他身边，他肯定是会掉价的吧。

未曾热恋已失恋。

晚上的时候宁小黎偷偷跟夏明媚换了个班，独自去了他们经常去的沙滩，她想她需要梳理一下自己的感情。沙滩上的人不少，不是情侣就是朋友，只有她形单影只，最要命的是她刚刚结束了一场没有结果的单相思，想着想着宁小黎就开始哭起来。

哭着哭着就有双脚停在宁小黎的面前，她不用抬头就知道是林小白，只有他会在白色匡威上手绘蜡笔小新。

"你怎么知道我在这里？做老板还管员工的私人生活啊？"

林小白答非所问，无奈地叹了口气，"世上又不是只有楚意一个男生了。"

宁小黎抬起头泪眼蒙眬地问："你怎么知道我喜欢他？"

"全世界都知道你喜欢他，你看他的眼神恨不得把他生吞活剥掉。"

这下宁小黎破涕为笑了，而后又皱着眉咕哝，"真的那么明显吗？"

她一直以为自己小心翼翼地喜欢着，把它当成心底最深处的秘密，谨慎到不与周围的人任何人分享。可是她错了，她若真心喜欢一个人，哪里藏得住。

"楚意神经比较大条，他不知道的。起来，哥哥带你去吃好吃的。"

难道真的是那句话吗？暗恋一个人的感觉就是全世界的人都知道你喜欢他，除他之外。

林小白在路上给她讲了很多笑话，可是她一点儿也不觉得好笑，耷拉着小脸垂头丧气。林小白被她逼得没办法，"你要是再这样下去我报警了啊，不就是失恋嘛，还是单相思，没出息如丧考妣样儿，以后不给你零食吃了啊。"

"哎哎哎，怎么能不让人吃东西呢。"

林小白无奈地笑了，"你原来就是一吃货，敢情楚意还不值零食啊……"

宁小黎有点儿底气不足，小声嘟嚷："民以食为天好不好？"

心情不好的时候就应该吃甜品。这是宁小黎吃完哈根达斯后唯一的想法，楚意谈恋爱这码事儿早就被她抛到九霄云外了，好像自己也没想象中那么喜欢他嘛，也许她只是需要一个缓冲的过程。

"我说林小白，你是不是对每个员工都这么好啊？"

"吃东西哪来那么多废话。"

……

刚刚是谁不停逗她讲话来着。

那晚过去宁小黎就没有再和闺密提过楚意，也不会无时无刻注意他的动态，有时看见他和易卿约会时也会打趣说："秀恩爱啊，尽欺负我们这些单身的。"

每个人失恋的愈合期不一样，有的人三年，有的人三天，而宁小黎只用了一个晚上。

命运的齿轮转啊转，骑士竟爱上了女巫

8月底的时候宁小黎就要结束义工生活回到大学校园里。他们几个为她办了欢送会，做了一桌菜，还有她最喜欢的红豆糕。

吃到一半，宁小黎对楚意和易卿说："祝你们白头偕老，永浴爱河。"她终于可以云淡风轻地讲出这句话，终于可以光明磊落地祝他们幸福。

而后就是夏明媚，宁小黎拉着夏明媚的手就开始唠唠叨叨："明媚啊，遇见喜欢的人要主动一点儿啊，你这么漂亮，一定会嫁出去的，像我……就没救了……谈恋爱的话给我看看啊，我多少沾点儿喜气

儿……"身旁的林小白皱起好看的眉头："少说点儿吧。"

宁小黎戳了戳林小白的脸，这家伙皮肤真的又嫩又白啊，其实她早就想试试手感了。"我和你讲啊，以后啊，不喜欢的甜品不要吃，不喜欢的女孩儿不要对她好。"

林小白揉了揉她的头发，一副欲言又止的模样。

宁小黎总觉得自己看错了，他的眼里分明有深深的宠溺与无奈。嗯，一定是自己看错了。

所有人都沉浸在离别的氛围里。

离开的那天，宁小黎坚持不让任何人送她，她害怕自己忍不住就在火车站哭鼻子，长这么大她还是没办法平静地对待别离。

林小白送了她一个包装精美的盒子，并嘱咐她回家后再打开。

双子座的人天生是个好奇宝宝，在候车室百无聊赖的宁小黎拆开了那个礼盒，看到一半就忍不住潸然泪下。里面是个相册集，每一张都是她，每一张照片下都记录着只言片语。

"现在是晚上十点，不得不说你睡觉爱流口水这个坏毛病得改改了。"

"傍晚六点，因为失恋躲在沙滩哭泣的宁鸵鸟。"

……

一张一张，都记录着她的喜怒哀乐。

翻到最后一张，她停了下来。

那是林小白。

穿着白衬衫的他手里捧着一大束玫瑰，在阳光下笑得有点儿温柔有点害羞。

照片下面写了很长的一段话：

宁小黎，宁小猪，坦白讲，我喜欢你。我的脸怎么红得这么厉害。咳咳，喜欢你很久了。喜欢喝你熬的鸡汤，喜欢你戳我脸，喜欢你吃我做的红豆糕，喜欢你睡觉流口水的呆萌模样……想要和你在一起的念头，也在脑海里顽固起来。

想过很多次在沙滩上对你表白，但就是不好意思开口，亏我还是一北方汉子啊。如果说你也对我有那么一点儿意思，能不能不要忘了我，又或者说我能不能牵你的手……我想带你用脚步丈量世界，想带你去看风景……

词穷了……

这个笨蛋，干吗不早点儿讲，害老娘一直以为是自己在自作多情。笨死了！

宁小黎飞快地出去打车，一路上心急如焚，不停催促司机开快点儿。

出租车司机打趣道："小姐，我们这是在玩命儿啊，这是要急着投胎呀？"

宁小黎喜极而泣："不，我要去表白。"

林小白深藏在心底不敢当面讲的话，她替他讲出来。她突然明白，楚意只是途经她生命绽放的玫瑰，他优秀，满身光环，但终究只能让她闻闻香气，一旦摘下来，伤的便是她，而林小白是她的太阳，给她阳光，护她周全。

命运给了她机会，她再错过就是傻子。

她要去奔赴一场爱的邀约。

林千帆，林小白，你等我。

地角天涯未是长

萧　稔

1

南方的夏。

初夏的阳光从密密层层的枝叶间透射下来，地上印满铜钱大小的郏郏光斑。空气里弥漫着浓稠的巧克力味。你在课堂上公然吃女生送的东西也不是一次两次了。你去德育处报到也不是一次两次了。

我知道你的名字，还是从别人那里听来的。女生们叫你"季叙"。我在燥热的教室里做作业的时候，总是能听到周围的女生在谈论你。装作在写东西，却会偷偷竖起耳朵，捕捉关于你的消息，像过滤网一样，一点一点地收集。她们喜欢说，"季叙又换发型了哟"，或者是"季叙今天又逃课了吧"。她们喜欢到你的班上去看你。看你打完篮球湿湿的头发贴在脸上，趴在桌子上睡觉或是发呆，露出天然呆的样子。

十七岁第一次认识你。却早在七岁的时候就见到了你。

班主任在众多老师面前痛心疾首地列举你的恶行。你不说话，乖张地站在那里，目光飘来飘去，好像蛮不在乎的样子。我在门口看到这副情景，小心翼翼地打断他们对你的抨击。你侧过脸来，目光飘到我身上来，居然无赖地笑了笑。你擅长这么笑，很多人总是不屑地说你是装的。可是他们见过你七岁的时候，也是这么笑的吗？

我是来给班主任帮忙改考卷的。我从考卷堆中抬起头看你，一不小心撞到你飘荡的视线。我连忙低下头，红色的原珠笔不安地在试卷上吐着油墨。德育处里什么时候就剩下我们两个人了？静得只听到笔在纸上勾画的声音，吞吞吐吐一如我突然卡断的思绪。

你那个时候是故意的吗故意一直一直看我。

你隔着两排桌对我说："喂，你，刚才那老巫婆怎么叫你来着？徐思？"你记着这名字，"你不觉得无聊吗？一起逃课呀？"

"啊？"我抬起头，莫名其妙地看到你一本正经的表情。

笔从手指上滑落，笔尖先着地，紧接着"啪嗒"一声，整个笔身接触到地面。那该是一个慢镜头。那次的记忆中就是有这么一个画面。莫名其妙地记得。原来你第一次和我说话，就在鼓舞一场盛夏的逃离。

我为什么要听你的呢。我从来不曾逃过课，而你又怎么会知道，又怎么会知道我会和你走呢。所以我轻轻地摇摇头。你站起来，椅子在地上拖出尖锐的长音。

"那我走啦。"你明知道。

"欸！"我突然发出声来。

你明知道我会跟你走。你后来说你第一眼看到我就知道了。可是你始终没有告诉我，你知道了多少。

你轻易地翻过那堵几尺高的墙，而我跑到校门口和执勤的老师说肚子痛要回家然后也轻易地溜了出来。你在不远处看着我，向我挥手。

我眯缝着眼睛看不远处的你。那时的你穿着纯白的衬衫，夏日的阳光透过你头上盛大的树冠细碎地洒在你身上。

十七岁的你看上去纯真而又美好。

我们去不远处的公园，百无聊赖地瞎逛。谁也没有说话。

你逃课出来都做些什么呢？我想问你。

你在湖边坐了下来。薄薄的青雾浮在浩渺的湖面上。我静静地坐在你旁边，心下紧张，拨弄着青草。

"喝啤酒吗？"你问。

你知道我会答应的。你一直就知道，尽管你在之后狡猾地加上一句"还是可口可乐吧"。

我摇了摇头，"还是啤酒吧。"

你笑着站起来，还是那样痞痞的笑，映衬着背景深蓝色的天空。

是耀眼的蓝。是耀眼的你。我仰头看着你。

"你啊，还是可口可乐吧。"

你一定料准了我喜欢你。我觉得这一切都很荒唐。我开始有些生气，有些不安，开始挂念学校，开始担心逃课的后果。可是当初跟着你跑出来的时候怎么就不记得了？你坐在我身边的时候心下就如大海般平静。现在你一走我就觉得焦躁不安。等你的时候，我拔了一根根细草缠绕在十指，感受那份羞愧的痛在他处。你走过来，把可乐伸到我的面前，好看的手指一根根贴在罐子的边缘。我盯着你粉红色的指尖，心下失望，因为真的是可乐。你往前走几步，捡起地上的石子，孩子气地往湖里扔。石子在水面上弹了好远，终归要落入湖底。

我对着你的背影，赌气似的说我要回去了。

你没有回头地举起手挥了挥。我看到你的手势。

OK。

2

那一次之后我们并没有再来往。周围的女生依旧经常谈论你。日子波澜不惊，我依然常常在德育处看到你，却再也没有像那天那样剩下我们两个人单独在一起的机会。

你却还是趁我经过你的身边的时候轻轻叫我的名字。我固执地装作没有听到，看都不看你一眼。却常常在下课的时候，经过你的教室，偷偷看你一眼。我开始喜欢德育处。

有一天想到和同桌的对话。她问我是不是常在德育处看到你。得到我肯定的答案后，她又问我觉得你怎么样。问了我很多事情你的事。我不爱谈你，却言不由衷地说我多讨厌你，多看不惯你。然后我看到她理解的神情，她斩钉截铁地说，"毕竟嘛，你们是两个世界的人。"

我想着想着泪水就模糊了视线。等到发现的时候已经来不及了，你突然蹭过来，拍拍我的肩膀。

"怎么了？"你关切地问。

我摇摇头，想挤出家里早对着镜子训练好的表情，好看的，精致的，漫不经心，自然的微笑。我想笑，却笑不出来。你这么一问，眼泪终于掉下来了，比什么都厉害。我不知道为什么非常委屈，非常讨厌你，又非常想把泪水和鼻涕擦到你的胸口上。你翻遍了口袋也找不到纸巾，于是就把外套脱下来递给我。我没有接。"嫌脏吗？"你问我。我连忙摇摇头，却还是不敢接。

"站那里去！就知道和女生讲话。"校长在门口指着你，"站好了，不许动啊。"你就把外套盖在我的脸上，不让别人看到我哭了。外套里有你的味道，你的味道夹杂着烟味，淡淡的。我讨厌烟味，却喜欢你衣服上的味道。

我也说不清为什么要喜欢你。回家做作业的时候，我在草稿纸上漫不经心地写你的名字。

你真的不好。你爱跷课，成绩很难看，还总爱顶撞老师。你谈过好几次恋爱。你会打架。你会抽烟，会喝酒。

我一步步地推导，试图像做数学题一样，说服自己不再想你。

你一点儿也不好。

所以呢？我不知道答案是什么。

我不敢写下去。

或许我知道。

你一点儿也不好。反正我就是喜欢你。

我就是喜欢你，怎么样？

051

后来有一次我成绩退步了被老师叫到办公室。一进门就看到你站在角落，头上顶着书，看到我你的头上的书哗啦啦全落了下来，你对着我无拘无束地笑。

"再加十分钟，捡起来！"班主任呵斥你，你耸耸肩，无所谓的样子。

如果成绩退步了，我会哭的吧。因为对于那时的我来说，成绩就是一切。可是当时听着老师严厉的、第一次的批评，我居然走神了。忘记了哭，也忘记了难过。这样我们就是同一个世界的人吗？我也会因为成绩退步而被批评，被老师严厉地斥责。我看到老师背后的你做着鬼脸，顶着书做各种高难度的动作。我拼命忍住笑，拼命忍住不去看你。

走出办公室的时候，我听到你从后面走上来的脚步声。

你走到我旁边说，"哎哟，永远的年级第一名徐思，不就是退步了几名嘛，老师骂了你这么久。不过是为什么啊？你不会是想向我学习吧？"你眉宇间竟荡漾着笑，是最厉害的武器。又加了一句，"还是太思念我？"

我多想自然地"切"的一声，学着你不屑地笑笑。努力想把这最后一句当作一个玩笑，却在那一瞬间慌了情绪，心却像展翅欲飞的小鸟，收不回也唤不回。

我一时无言以对，只能加快脚步。你赶上来，突然伸过手来轻轻地捏了一下我的肩膀，很快地收回。"永远的年级第一。没问题的。"你郑重其事地说。

我看着你深邃的眼眸，你眼里有笑意，你说："放学后在湖边等我。"

然后你飞快地转身，跑远。

那天你在湖边写生。我坐在你身旁不远处，有时看你画画，有时做作业。有时湖面上层层鳞浪随风而起，伴着跳跃的阳光，伴着我的心，在追逐，在嬉戏。

我们不说话，却能一起坐到暮色降临，有夜者的声音在广袤的天空中像云一样漂浮。

那以后放学的时候，我常常绕道到公园。透过公园外围起的白色的矮矮的栅栏，远远地看到坐在湖边的你。弓着身子，把画板靠在膝盖上。倔强又孤单。

你是学美术的艺术生。我想起来。

一直到暮色降临，夕阳染红了你的头发，你的画板。你背起画板，和落寞的晚霞一起离开。

可是我却再也不敢过去。我记得七岁的时候第一次见到你。你在我家后院的墙壁上涂鸦，我生气地对着你的背影说，"不可以画！"你转过来看到是我，漫不经心地笑了，对，就是和十七岁的笑容一模一样。十七岁我第一眼看到你就认出来了。你回过头用右手继续画完最后几笔，左手举起来朝我做了一个"OK"的手势。

你画的是一个大人牵着一个小孩儿。岁月流逝，风吹雨淋，画早已经模糊不清了。我却深深记了下来。

4

冬天到了以后，天暗得很快，那天你突然提议要带我去你的秘密基地。随你穿过大街小巷，昏黄的路灯，飞蛾发出嗡嗡的响声。

你走得很快，人又多，我拼命追上你的脚步，抓住了你的衣角。你扯掉我抓在你衣角上的手，紧紧地握在掌心。像走迷宫一样穿过一条条偏僻的胡同，这样来到了一栋破旧的居民楼。

爬了好久的楼梯才知道所谓的秘密基地就是你的家了。木质的地板，很小但是很温馨。你的家很干净，即使地上散满了画纸与画册。有一扇明净的窗，窗台养了一盆观音竹。这样就够了。我没想到你家是这样的。很意外，也很高兴。

那个冬天一放学我就穿过一条条胡同去你家找你。晴天，谁家的三角梅开得那么繁盛，探出了墙外。打开门，一眼就看到你坐在窗口，阳光穿过你的头发，改变了颜色。

高三时艺术生都走了，你也很少来学校，只是天天在家里画画。有时候忘记了吃饭，我一来你才记起来。于是拉着我去楼下的大排档吃馄饨。热腾腾的馄饨朦胧了你好看的眼睛，一天我问你，"为什么不去培训班呢？这样怎么参加高考？"

你不回答。

七岁的时候第一次见到你。后来知道了你是不远处哪户人家的小孩儿，也听左邻右舍谈过你。知道你是单亲家庭，知道你的妈妈有种很奇怪的病，常常住院。你没有钱，又饿，会偷拿食物。但是邻里人可怜你年纪尚小、孤苦无依，就视而不见。

我突然觉得我那个问题很残忍。第二天我把积攒来的钱加上奖学金放在你的桌面上，羞愧不安地请求你收下。你那时正在画画，停下笔，盯着厚厚的牛皮信封默然不语。我多么怕你生气。还好你只是点点头说，"家里也正在凑钱。"你没再说了，只是低下头继续画画，笔尖断了，我不敢看你颤抖的手，转过身去收拾地板上的画稿。

一堆又一堆的画稿，油画，素描，水粉。全是风景，没有一张是人物的。我蓦地想起你七岁的时候，画在墙上的那幅人像。她牵着你，一定像你牵着我一样的紧。

5

春天观音竹蹿高了许多，绿油油地吐露着生命的气息。你要搬家了，就把那盆观音竹送给了我，只因为我常常站在窗口给它浇水，看着它发呆。我把它放在书桌上，一看到它就想到了你。

我们都忙起来，我也没去过你的新家。很少找你。你已经不来学校了。一个周末我去书店买书的时候，看到隔壁文具店的你，和一个女生在一起。女生我认识，是校花，林文。也是你的女朋友。她先看到我，然后是你。你笑着和我打招呼，手上提着一袋颜料朝我稚气地扬了扬。那时你的头发已经很长了，很像艺术家，脸色也十分憔悴。

我抱着书走在回家的路上，眼睛红红的，不敢眨眼。即使几千年几万年前就早都知道了，知道她是你的女朋友，可是亲眼看到你们在一起还是会难受。回家以后，我把自己关在房间，把头埋在你的外套里大哭了一场。我记得那次我把外套还你，你说，"送给你，以后你要哭的话千万不要让人看见。我的外套有一种魔力，可以把眼泪吸走的。"我想着你说的话，闷声闷气地重复着那句话。当时听的时候明明是很想笑的，现在却泪不停。外套里有熟稔的你的气息，是可以引来眼泪的，却又能够令我安心。

即使你有女朋友，反正我喜欢你。

但是后来，听说你们分手了。有一次，林文在自习课的时候和我的同桌说你的种种。她说，你拿了她的PSP、手机，向她借了很多钱。她说这话的时候我正坐在她的对面，虽然她是和我同桌说的，可是我却感觉她的眼睛是在看着我。她说，"真傻啊。"好像就是在说我。

是啊，真傻啊。

我也这么觉得。

我不后悔。只心疼。

6

我们好久没有联系。有一天你突然在校门口等我，帽子压得低低的，套着黑色的外套。即使是这样，我也一眼就看到了你。在人群中多么突兀，因为有一张落寞的脸。我走得很快，你亦步亦趋，滔滔不绝地说你近日的生活。你那天难得的多话。你看我总是不回应，一时不知道再讲些什么。最后你说，"怎么了？不说话。"

我反而问你，"你打扮成这样在校门口等我，是怕被人认出来吗？"

你笑了笑，泛着温情，"嗯，想重新开始，消失在大家的面前啊。"

"重新开始？"

"嗯，重新开始。全新的。更好的我才配得上更好的你。"最后一句话你是以一种开玩笑的语调说的。我却一点儿都不觉得好笑。

"对了，钱没那么快还你。"你原来还记得要还我钱。

"你先还给别人吧。"我低着头，看到三角梅的花瓣被路人的脚印弄脏。

你没听明白，"嗯，家里确实也借了不少。"

"那你呢？你欠了别人多少？不是你的，不应该乱拿的。"我发现说话的声音都不像我。"高三了，我很忙。以后别来找我了。"

我说完，不敢看你，半跑似的走了。你没有追上来，追上来你就会发现我哭了。我很难过，比那天看到你和你女朋友在一起还要难过。

你一点儿也不好。可是不该那么坏。

7

你果然没再来找过我。但是会给我寄画。有的时候是很简单的随笔画，随意地画在餐卡上或明信片后面。有的时候是很大的精致的油画，像莫奈的风景画，美极了。我买了很多画框，一张张裱起来。和那盆观音竹一起，怀念你。

高考最后一科考完，下了一场蒙蒙细雨。六月的雨，格外轻柔，像你花瓣一样的手指。我撑着伞，走在去你家的那条巷子里。轻车熟路地就找到了你家。不知道为什么，第一次去你家就记住了路。我仰着头看着你家的窗口，想起那个冬天，你有时捧着咖啡站在窗口往下看。有时我不经意间抬起头看到你，你目光如水。四目相接，地角天涯未是长。那个场景，我们真的很像身在两个世界的人。好像一场轻薄的雨帘就可以轻而易举地隔开我们。但是你的目光告诉我，冥冥之中已经有一条无形的桥，通向了你，也通向了我。

回来在车站等车回家，遇到了林文。她剪了短发，神色淡然。我站在她旁边，有一搭没一搭地和她说话。

"高考完要做什么？"她突然问我。

"我不知道。"那一瞬间我只是想起了你。"你呢？"

漫长的沉默中，慢慢传来她的抽噎声。她抽着肩膀，以令人心痛的姿势，把脸埋在手心里。我静静地等待。

"我看过他的画。他从不画人，即使我央求过他好几次。有一个画册，他是不让人碰的。那天我趁他不注意，翻了他的相册……"她的泪水无声地从眼睛里掉下来，不再掩面。"他没有要我的任何一样东西。哪怕是钱。"

"高考完我知道要做什么了。"我的车来了。"学画画。"

这时我突然想起你开玩笑地说，"嗯，重新开始。全新的。更好的我才配得上更好的你。"

我考上了这座城市的一所大学。不想离家，这样也可以收到你的画。偶尔会在时间的空隙里想起你来。我不知道你后来过得好不好，考到了哪里。但你从来没有停止过给我寄你的画，从你的画里，我看得出来你过得应该还不错。

有一天清晨坐在桌前拆你寄来的包裹。你的观音竹我养得很好，我很想告诉你。打开包裹，看到一本厚厚的相册。我的心跳加速，按捺不住的激动。我想我知道是什么了。我抚摸着画册的封面，封面是你最喜欢的莫奈的《睡莲》。我记起那个夏天，你常常在湖边观察那一朵朵睡莲。我把它抱在胸前，希望你也能感受到我此刻的心跳。

或许我们很快就要相见。

我依然常常穿梭在那条巷子里，看着昏黄的路灯，在婆娑的树叶后时隐时现。那天，我在我们常去的那个大排档吃馄饨，不远处一个男生朝我走来。

　　盛大的时光掩埋一切。

　　他走来，覆盖着你的影。

　　"你好，请问你旁边的位子有人吗？"他细长的手指上透明的指甲，像萤火虫一样闪耀。

　　"哦，没有。"

T124315

蓝与冰

1

沿着第二条走廊到尽头转个弯，就是已半废弃的吉他社活动教室。在天色愈暗的下午五点半，我掏出被指纹磨得光亮的钥匙，打开了那扇沉寂了好久的门。

随着轴承处呻吟一样的"吱呀"，弥散着暗色尘埃的教室逐渐被身后的残光照亮。木制的桌椅歪歪扭扭地排靠在角落里，空气里仿佛住着一个幽怨的死魂灵。我倒吸了一口气，墙壁上斑驳干涩的血迹竟然还在。

当然是蚊子血。现在的这里再阴森可怖也丝毫模糊不了曾经的欢笑时光，我像是又看见了一群血脉偾张的年轻人，正兴奋地聚在一起拨弄吉他，探讨乐谱，一边抬起手掌将萦绕不散的蚊子拍死在墙上。"啪""啪"，也一声声清脆地拍在我的耳膜上。

我从角落里翻出那把曾属于我的木吉他，盘在地上坐好，吹起上面落的浮尘。我像一架瞬间被通了电的机器人，手指一触到吉他，就不由自主地弹了起来，还是那么熟悉的旋律，T124315……我享受地听着那已严重走音的简单曲调，手指触到一行不深不浅的刻痕时，忽然有一股想哭的冲动。

　　我知道，这年头文艺青年已经不流行了，弹完了这一段，我就该好好地挥挥手站起身，埋葬这把旧吉他，告别我念念不忘的旧时光了。

2

　　我是在高二上学期时心血来潮想学吉他的，当然抱着并不单纯的目的。同宿舍的老二在女生宿舍楼下抱着吉他哭丧一样地号了一下午《童话》，就竟真的追上了我们班班花郑小蝶。大家都传言她是感动地哭着奔下来一头扎进老二怀里的，但我严重怀疑她心里想的是："求您放过我吧，我从了你还不行，再唱下去我就要自断经脉了。"

　　无论怎样，结果总是那个普通青年真的追到了女神，于是一段时间里，吉他成了我们眼中的把妹神器，当吉他社再招新生时，大家毫不犹豫地报了名。

　　那是在暑气未消的九月初，打了一个暑假篮球的我们被晒得均匀而黝黑，像是从山西回乡的煤矿工人，对着那西洋乐器充满了好奇和憧憬。听说了社长是个女生之后信誓旦旦地和哥们儿吹牛："看着，不出三个月，我就要追到那个女社长，然后谋权篡位当社长。"大家都一脸膜拜地看着我，身后有人拍我的肩膀，我一回头就看见，一个长发翩翩的女孩儿正弯着眉眼冲我笑："同学，想当社长等先进了社团再说好吗？"

　　我的气势就猛然被她这温柔一剑戳瘪了，再傻的人也看得出来，这就是社长了，也就是我未来的老师和刚才所说的妄想女友了。

　　对于十六岁血气方刚的我们来说，世界永远是那么新鲜生动，不断有着惊喜，谁也不会乖乖地沉迷一种爱好。所以入社一个月后，等到该交会费统一买吉他时，吓退了大半的学员。当我颤抖着交上等同于我半个月伙食费的六百块大洋时，吉他社社长孟欣柔带着欣赏的眼神看了我一眼，我就立马抖得更厉害了。

她的脾气可不像她的名字一样柔顺乖巧，也许是记住了我当年那句狂妄的话，我一进社就如同进了狼窝的羊崽子。她板着脸把我按到椅子上，把我的膝盖当成了靶子，一遍遍让我重复最基本的指法。T124315，我一翻身就是一脚，再一抬手又是一脚，不断受着帝国主义铁蹄的践踏，想抹把眼泪都不能松手，只能考虑用二郎腿。

而随着她脚力的不断增强，我弹吉他的技术也与日俱增，大家还停在初级阶段时，我已会闭着眼睛弹《新长征路上的摇滚》了。当然，我闭眼也是为了躲孟欣柔那犀利的目光，一个月下来的条件反射让我一看见她就浑身发抖。那时候的我迫切地想逃离那个地狱一样的社团，孟欣柔在我看来是王母娘娘，是灭绝师太，是更年期代言人，我离开她的心情跟旧社会盼解放的人差不多。也许这就是人类的通病，我们最初轻易抛弃的，总是最终最想要得到的。那时候幸运却不自知的我一定不会想到现在的我有多怀念那些"惨痛"的回忆和那段单调到快让我吐了的旋律。

3

吉他社迎来了第一场演出，在十月中旬的艺术节，我们合弹合唱了一首《星空》。对于表演者里唯一一个初出茅庐的我，孟欣柔一直站在我身边死死地盯着我的指法，直到最后我们成功演出下台后，她才扑上来一把圈住我的脖子说："你小子，演得不错嘛。"

我一扭头，正好看见她的长发被风拨弄开，光洁的额头下，是一张漂亮的笑脸。但我还没来得及害羞一下，她就又一巴掌抽过我的脑袋说："但第二小节的拍子还是慢了，平时怎么教你的！"一旁的贝斯手冯一鸣就调侃了句："看你们，像小夫妻吵架一样！"

"谁跟他是小夫妻啊！"孟欣柔冲上去打他，可脸上飞起的小红晕还是藏不了的。我摸摸自己没刮净胡楂的下巴心想，我魅力不会真这么大吧。正陶醉着却看见孟欣柔回头看了我一眼，脸上的羞怯还没卸净，略显调皮地冲我眨了下眼，然后又去追冯一鸣。他接着嚷："就是啊，要不然你怎么只对他特殊关照呢？还有他被你那么管怎么还不退社啊！"

她那回眸一笑笑得我有点儿蒙，心就"扑通扑通"跳起来了。虽然第一个问题我答不上，但第二个问题的答案我还是很清楚的。很可惜，原因不是她。

青梅竹马早就成了一个被用烂了的暧昧代名词，而我这位青梅也名副其实地缠了我十多年。打记事起，罗罗就黏在我身边，我对她的关照也慢慢被时间酝酿成了习惯和喜欢。罗罗不像孟欣柔一样张扬明亮，是很舒服的邻家女孩儿型。她圆圆的BOBO头像颗皮球，让我看见了就想上去拍拍。加入吉他社也是因为她在我耳旁灌的风：会弹吉他的男生真帅啊。而入社如入狱的生活下，也是罗罗期待的目光让我咬牙坚持了下来。

吉他社真不是个轻松的地方，在其他同学都回家享福之后，我们还得聚在这间小教室里，在一片嘈杂刺耳的声音里竖起耳朵听属于自己的那一把。教室外靠着校园里的小河，而这间活动教室也因为年久失修窗户总关不严，不时有大批蚊子被我们的吉他声刺激得精神错乱，乱咬一通，于是那半面墙都拍上了我们手制的昆虫标本。在我的右手食指被磨破皮又长出茧子后，在时间终于迁移到冬天后，我们的小乐队也终于成型了。我担任主唱，孟欣柔负责高音，冯一鸣则负责低音和RAP。乐队名叫VV蚊，还不成气候却盛满了独属于青春的热情和疯狂，逐渐从校园走向了小型的路演和商演。每次出演，罗罗总会痴迷地守在台下，而一开始我所畏惧的镁光灯也逐渐被我熟悉，我自如地在舞台上吼如同一只原始的兽类。每次散场后我们总会拥抱在一起庆贺，冯一鸣凑到我耳边说："真羡慕你小子。"

我愣了一下，就看见孟欣柔扑过来，在我的脸颊上轻轻一啄说："季程宇，我喜欢你。"

半年后我真的靠吉他把到了妹子，不过不是我想要的那一个。

4

我开始逐渐倦怠起来，对吉他的热情不再那么高，更是推了两次演出。孟欣柔来找我时我正缩在窗口看雪，捧着杯热水颇有看破红尘的老人的意味。孟欣柔还是霸道地冲进来一拍我的桌子："你能不能行了！不去排练缩在这儿！你坐月子呢！"

她这气势恢宏的发言直接吸引了我们班其他同学的目光，我咽了口口水："我好像没那功能吧。"

玩笑归玩笑，前一秒还气势汹汹的她忽然就软下来了，细长的丹凤眼里像是裹着泪光："季程宇，我不开玩笑了，你回来吧，我们需要你。"

我心想：你让我回我就回，那我岂不是很没面子。然后我就跟她回去了。从小到大我最受不了的就是女人的眼泪了。这次回社之后，我和孟欣柔之间的关系也冷了很多，她再不会过来亲昵地圈住我的脖子，仿佛我的脸上就写着明晃晃四个大字：请你自重。冯一鸣说我身在福中不知福，我眯着眼望他，甚至懒得回他一句：这句话对你才适用吧。

就在今年的圣诞节，我用攒的商演的钱请罗罗吃饭，她酒后吐真言地告诉我，她喜欢冯一鸣。那时我才明白，原来她让我加入吉他社、出席每场演出并不是因为我，我还自以风流倜傥却不知不觉被炮灰了。我逃避吉他社一是为此，二也是我希望我会是一个被需要的人，我想看别人来求我证明我的重要性。我成功了，看到了一向强悍的母老虎在我面前低头了。虽然有点儿卑鄙，但对那时的我来说，这真是最好的治愈方式了。

5

四月，市中心举行了一场知名的选秀赛，被选中的人有机会和音乐公司签约，我们也闻讯参加了比赛。那时候我们的乐队已莫名地僵冷了起来——平时最热闹的我和孟欣柔忽然生疏，那整支乐队也就没了生命力。但机会难得，我还是号召大家打起精神，背上我们的吉他准备出战。临行前，孟欣柔拍了拍我的肩膀说了声"加油"。这样坚毅的表情很少见，但她马上又换成了张开朗的脸："结束后，我告诉你一个秘密吧。"

我们选的歌是《拥抱》，指法并不难，我深情地对着麦克唱着主旋律，到了和音部分，孟欣柔却没作声。我有些慌乱地望过去，却看见她冲我摇了下头，然后调皮地眨了眨眼。

结果可想而知，只剩下我一个声音的歌曲显得单调得很，我们初赛便被淘汰，这让一向平和的我几近气急败坏。我严重怀疑孟欣柔是在和我恶作剧，报我让她丢面子的一箭之仇。于是下场后，我直接无视了她，气冲冲地收吉他，可刚背上吉他包，一个大赛的组织者就找到了我。我回了下头，那边是孟欣柔木然无助的眼神，但一想到她刚才的行为，我咬了牙毅然跟他单独走了。

条件很简单，刚才评委觉得我声线还不错，可以考虑单独培养。重点是，单独。

我离校的前一天，去向孟欣柔和冯一鸣道别，冯一鸣依旧是波澜不惊的样子，孟欣柔却像是被人打了两拳一样，红着眼眶说："季程宇，你这个混蛋。"

我想说：是你先不唱歌让咱们乐队落选的，是你先抛弃我的啊。可却插不进话，一向简洁利落的孟欣柔碎碎念地说了好多话："你就是这么自私这么自以为是！你考虑过我的感受吗？我现在是高三，吉他社的训练有必要一直去吗？你以为只有你一个人够格当主唱吗？甚至这次比赛之前，你了解过培训要去专门的音乐学校三个月吗？我哪有这份时间了。"

孟欣柔低着头咬着嘴唇："我就是怕你先知道了我才没告诉你，结果你竟然真的一点儿也没替我想想。我真恨这个一直为你着想、一直喜欢着你的自己。你这么以自我中心的人，根本不配我的喜欢！"

她说得我一惊，处处戳到了心里。可当时的我真是被喜悦冲昏了头脑，我一直在想着自己以后无限的音乐星途，于是狠下心，转身不再看她眼里的脆弱。我一步步走远时才听到身后的她声嘶力竭地喊了一句："季程宇，你欠我爱情！"

声音啼血一样的嘶哑，让我现在一想到，还是会心悸又心惊。

6

我再也没见过孟欣柔。音乐专门学校的斯巴达式训练让我猛然从梦里醒来，我再也不是那个在台上迎接灯光和呼声的风光主唱，在这里和我资质一样的学员有太多太多了，我浑浑噩噩地发现，自己没准是其中最渺小的一个。

是的，没了孟欣柔的督促和教导，我再也练不好吉他，学不会新的曲谱，我引以为豪的歌声也因此而黯淡。同学们教我新曲子时问我："你难道不会基本指法吗？"

我当然会，那熟到快吐血的旋律。可我一弹起来，所有人都笑了。他们说："你这是什么旋律啊？怎么可能是基本指法？"

其实我也一直都奇怪着这个不押韵的怪旋律。我把吉他凑近看时才忽然发现，吉他身上被小刀刻着"T124315"的一串字符，刻得歪歪扭扭，却每一刀都很用力。我仿佛看见孟欣柔正小心而认真地把这串音符刻到我的吉他上，一字一顿，就像刻在她自己的心上。

原来这从一开始就是独属于我的旋律，并不是掷骰子扔出的无规律数字，那一串数字，是我和她的生日，是孟欣柔给我一个人的独家秘密。

结束了三个月的培训后，我仓皇地回到了学校，报了补习班补落下的课程。原来我真是一个自以为是的孩子，在没了别人的特殊关照下，我再没有之前的光芒。罗罗为我接风，她告诉我冯一鸣和孟欣柔都从高三毕业了，也换了新的手机号码，再联系不上了。我想到了孟欣柔临别时冲我喊的那句话就笑了，我说："现在谁会把这些情感定义为爱

065

地角天涯未是长

情啊，哪有那么刻骨铭心的深刻感情。"

罗罗摇了摇头，认真地对我说："不，我曾看到过的，一个人二十岁前喜欢上的人才是生命中最爱的人。只有那时他才会一心纯洁，与世俗家世无关，只为喜欢她而喜欢她。我知道的，你不也是这样吗？"

她说的我一笑，难道她知道我曾经有点儿喜欢她的事？可我还没问她就接着说："不然上个圣诞节，你喝醉了之后怎么会一直念叨着孟欣柔的名字和一串莫名其妙的数字，还拿着钥匙链上的小刀可哪乱刻？你也喜欢着她的吧。"

我心里一个炸雷，听不见罗罗接着说了什么，整个表情都僵在了脸上，连耳朵都震得"嗡嗡"地响了起来。原来这才是真的，一向骄傲的我早就悄悄地喜欢上了她，喜欢得那么用力而隐忍。用力到要把她刻到我心上，隐忍到，我自己都不知晓。

流年微凉，
凉不过少年时光

7

弹完了这串音符，我该起身离开了。今年毕业后，我也该离开这所学校了。孟欣柔临走时扔下了吉他社的一切，而因为自己的后知后觉而难过的我也再没来过这个地方。就在一年前的今天，我从这里离开，而当我回来时，曾经的热闹光景却都不复存在了。我想最后一次和曾经的青春时光道别，重温一下那奇怪却温馨的旋律。

门却又被推开了。

我看见，一个圆脸长发的女孩儿正对我微笑："原来你还记着呢。"然后她调皮地眨了眨眼。

当目光从错愕转成欣慰时，我才上前一把拥住了太想见到的她。我嗓子有点儿哽咽就没说话，只好在心里默默地认真地说：孟欣柔，我欠你的，现在就还你。

一生不能再相遇

窗外的夕阳透过玻璃将整个教室照成明亮的麦黄色，很久很久之后我才知道那日温暖的夕阳是三个人刻骨青春里一场盛大劫数的开始。

孙美美看到周书墨的那一刻就呆住了，我分明看到她白皙漂亮的脸蛋上盛开了两朵红晕。

没有你，再好的剧本也黯淡

茶一盏

1

徐大武掀开锅盖看了一眼，叹了口气。

他换了鞋子准备出门，就看见邻居家门户大开，古轩轩一脸热情的笑容："大武，开饭了。"

古妈妈也从厨房探出头，温柔地笑着："小武轩轩快来吃饭，今天有你们喜欢吃的红烧鸡腿哦。"

谁说进了厨房的女人就都是黄脸婆。徐大武坐在饭桌前，看着古妈妈在厨房里忙里忙外，却还像平日里那般优雅，长长的大波浪蔓延在肩膀上，有诉说不尽的温柔。

他还记得自己几年前跟杨玲开玩笑："杨玲，你说隔壁的古妈妈是不是才是我妈？"那时候杨玲的脸刹那间像铁一样黑，夹起滚烫的水饺就往他嘴巴里塞："你觉得她是你妈，那你去找她啊，以后都不要出现在我面前！"

徐大武永远都不会忘记那个晚上，滚烫的水饺带着热热的油，沸腾着他的喉咙，直接灼痛了他的心。

杨玲才是徐大武的妈妈。

徐大武从不称呼杨玲为母亲，从来都是直呼其名，夹着生冷，他厌烦透了这个毫无文化一身蛮劲的妇女，语文课本上的"端庄""温柔"永远都跟她没有亲戚关系。

他甚至觉得，他的父亲在他未出世之前就抛弃了这个女人，万分明智。

她赶上进城的大潮，从农村跑来城里谋生路。在村里的时候她是戏班子里的一枝独秀，进了城便每天蹲在影视城的门口揽活，大声嚷嚷着自己是个演员，说剧组里的人都要尊称她为"杨三姐"，徐大武极其讨厌这个称号，她其实就是个替身演员，每天替镜头前的女明星挨打挨枪挨棍棒，还乐呵呵地对所有人点头哈腰。

她希望徐大武也能继承她的衣钵，所以给他取名"大武"，徐大武却恨透了这个土得掉渣的名字，自从来到城里上学，他就意识到这个名字就是他这辈子的噩梦。

徐大武是话剧社的社长，是他们中学里出名的文艺青年，他会作词，能写诗，下能写讲稿，上能编剧本，可他每次在自己的文章作者一栏看到"徐大武"三个字，就会打个冷战，觉得实在是恶俗透了。

扒拉着碗里的白米饭，看着古妈妈拼命地往自己碗里夹菜，徐大武不自觉地想：为什么别人家里每天上演的都是情景喜剧，他家里不是恐怖大片，就是武侠电影？

2

班主任把徐大武叫到办公室，指了指桌上的那张卷子，蹙起了眉头："徐大武，你最近成绩下降了啊。"

徐大武不作声，就那样直直地站着。

班主任急了："徐大武，你好歹找找自己身上的原因啊！"

徐大武依然缄默，目光放空。

班主任挥挥手："去，把你家长叫来。"

徐大武拨通杨玲手机的时候，听到那边一阵嘈杂，对方匆匆地"喂"了一声，口气冷淡。

"我们老师让你来一趟。"

"什么？"那边的人似乎心不在焉。

徐大武早就习惯了这样的状态，他抬高了音量，大声地对着电话吼着："我们老师让你来一趟！"

"知道了知道了，你这么大声干吗，我听得见！"对方又是不耐烦的口气，然后就是一阵挂上电话的"嘟——"声，徐大武看向远方黑黢黢的天空，心情糟透了。

杨玲来的时候气喘吁吁，身上还穿着戏服，长袖长衫，应该是民国的角色。

徐大武对于她穿着各个朝代的衣服骑着自行车的形象早就见怪不怪了，班主任倒是用惊异的眼光打量了下她，缓缓开口："最近徐大武的成绩下滑得很厉害啊，他的话剧社的事情会不会太多了，你们家长也要回去多和孩子沟通沟通，毕竟快高三了……"

只见杨玲一边点着头："是是是，老师您说的对。"一边用力扯着徐大武的袖子，硬生生地让他弯腰："快向老师承认错误。"

这个暴君。徐大武愤愤地想着，但是还是鞠了个躬："老师，我会回去反思的。"

班主任满意地点点头，交代了几句，便让他们回去了。

回到家，杨玲重重地摔上门，看着徐大武，说："自己去那蹲着。"

徐大武很识趣地走到大厅，所谓"蹲着"的意思就是扎马步，每次他犯了错，杨玲就罚他扎马步，一扎就是几个小时，不能动，一动就是一通打。

他稳稳地扎着马步，却看见杨玲径直朝自己房间里走去。

徐大武慌了神，跟进了房间，快步上前按住杨玲翻箱倒柜的手，问："你要干吗？"

只见杨玲翻出了徐大武的几本小说手稿，在他眼前晃着，口气里都是抑制不住的愤怒："我辛辛苦苦赚钱给你读书，你就每天倒腾这个？"

徐大武更急了，伸手就想拿回稿子，却听到一声刺耳的声音——

白纸纷飞。

他两年来写的稿子，就这样被杨玲撕成了两半。

积聚了几年的怒火一下就被点燃，徐大武对着杨玲大吼："你懂什么！你懂什么叫文学吗？你读过书吗？你就知道在外面被人打，回家打儿子！"

杨玲呆怔了一下，双眼赤红地看着自己的儿子。徐大武已经做好了被打的准备，可杨玲却始终沉默，最后面无表情地走出了房间。

后来，徐大武趴在冰冷的地上，用了整整一个晚上的时间，才把那些纸张用胶布黏好。

那上面蓝色笔迹被泪水渐渐地晕染开，绽放出无尽的悲伤与失望，满目疮痍。

3

第二天出房门的时候，徐大武看到一本簇新的笔记本躺在地上。

他拾起来，冷哼了一声，便把它丢到了抽屉里。

那个女人以为，只要一本崭新的笔记本，就能抵得上那些稿子中的心血。

真是愚昧。

他每天放学都直接待在古轩轩家里，在晚上的时候才回家睡觉，一周和杨玲碰上的次数是零到一次。

一天，古轩轩拨弄着日历跟他说，"明天是母亲节欸，你要送你妈妈什么礼物？"

徐大武心里一咯噔，很快恢复了平静："礼物？我估计就算我准备了都没人来收。"

"买束康乃馨放在她床头啊，"古轩轩看了他一眼，"那毕竟是你妈妈，没有她哪有你。"

徐大武不吭声了，低下头盘算着什么。

晚上，徐大武回家，一开灯，发现杨玲坐在沙发上，低着头，看不清她脸上的表情。

徐大武心知不妙，绕过沙发，很自觉地准备去扎马步。

却看见杨玲肩膀抽动，几滴眼泪狠狠地砸在地板上。

那天晚上杨玲就那样在沙发上坐了一夜，徐大武闷不吭声地在一旁扎马步，看着沙发上那个瘦小的背影和茶几上的信，开始后悔。

那些蓝色字迹透着少年多年以来的怨气，一笔一画，刻进这对母子的心里。

"杨玲，别人都说今天是母亲节，我想问问你，你有资格过这个节日吗？——你的儿子：徐大武"

4

母亲节那件事之后，杨玲似乎就更少回家，每个月定时把钱放在门口，等到徐大武起床她已经不见人影。

徐大武落了个清闲，每天排练着他的小话剧，他始终觉得，只要再挨过几年，自己以后跟杨玲，绝对分道扬镳。

暑假的时候，埋头在家构思剧本的徐大武接到一个电话。

"徐大武吗，你写的剧本我们制片人很感兴趣，你要不要过来谈谈？"

徐大武礼貌地道谢，一放下电话就激动地在床上蹦跶。

他又离自己的梦想近了一步。

制片人很赏识徐大武的创意，他拍拍徐大武的肩膀："小伙子，好好写，一定有成就的。"

徐大武听了自然开心，与制片人谈了一个下午，正准备离开，突然问了一句："您有没有听过一个叫杨三姐的替身？"

制片人摇头。

也对，谁会记住一个从来没有露过脸的替身，说不定那还是杨玲自己封的。徐大武觉得可悲，与制片人道别之后就离开了。

刚到楼道，徐大武就看到古轩轩一脸焦急地朝自己跑来："徐大武你跑到哪里去了！你妈被车撞了！"

徐大武身子一晃，差点没站稳，跟着古轩轩一起冲向医院。

5

医院里，徐大武看到古妈妈和古爸爸正围在病床前，而床上的那一抹橙色无比刺眼。

古爸爸一把拉他出门，压低声音跟他说："你妈妈没事了，就是在街上被车刮伤，她太累了，让她休息一会儿吧。"

徐大武点点头，指了指杨玲的一身橙色衣服："这是怎么回事？"

"你不知道？"古爸爸眼神里划过一抹讶异，"你妈妈在五月底的时候吊威亚受伤了，后来新伤未好老伤复发，根本做不了替身，她的老乡就帮她找了个环卫工的工作，已经做了一段时间了，每天早出晚归……"

"什么？"徐大武靠在墙上，眼泪掉了下来。

"我的一个朋友也是做这行的，说你妈太拼命了，就想着给你攒钱上大学，说她家孩子有才华，会写书。"古爸爸叹了口气，继续道："大武啊，你都不知道，早些年，她一个人拉扯你，那些危险的戏都接下来，她的耳朵在一场爆破戏中被震聋，最近听力已经越来越差，所以才没能听到汽车的喇叭声……"

徐大武泪如雨下。

他想起杨玲日渐消瘦的身体和蜡黄的肤色。

他想起他每次在电话里对杨玲吼着："你怎么又不听我讲话？"

他想起每次自己有事，杨玲都顾不上换衣服，骑着那辆破自行车就赶来。

他想起母亲节那天，杨玲在沙发里埋头哭泣的样子，应该是无比失望的吧。

他想起他的妈妈在某个清晨，轻轻地在他门口放下一本笔记，然后无声无息地带上门。

……

想到这儿，他发疯地往家里冲。医院里来来往往的人，都看到这个眼里噙满泪水的少年，咬着牙，跑得飞快。

那本被尘封在抽屉里的笔记本，扉页上的字迹歪歪扭扭，却看得出认真，"大武，我没文化，不懂太多，对你照顾的也少。但是，妈妈爱你。"

这就是他的妈妈，脾气暴躁，表达感情的方式质朴又粗糙，但是却始终无声无息地爱着她的儿子，从不张扬，从不言语。

徐大武将那本笔记本紧紧地贴在胸口，他发誓，他要买一束最漂亮的康乃馨，送到妈妈床前，待她醒来，唤她一声："妈妈。"

没了你，再好的剧本也黯淡。

一生不能再相遇

陈漫霞

一、我对孙美美的怨愤到底有多重

倘若这世界上有一杆能够称量爱恨的秤，我真想称称我对孙美美的怨愤到底有多重。

学校不知道从哪里弄来一笔助学金，让每个班主任到自己的班里询问班上是否有经济困难的学生可以申请助学补贴。

当年轻的班主任第三次说"我们班真的没有需要补助的同学吗"的时候，孙美美突然站起来用尖锐的嗓音说："老师，苏嘉妍家里经济状况不怎么好，她可能需要这笔善款。"

我能感受到周身火辣辣地凝聚了一整个教室的目光，还有孙美美得意骄傲的眼神。

我的十指在腿上用力地交织着，骨节泛白。我紧紧地咬着下唇一语不发。

一阵沉寂过后，班主任开口："那，苏嘉妍……"

我"腾"地一下站起来，干涩的喉咙里发出轻微沙哑的声音："老师，我不需要。"

我的目光里，有着不容亵渎的坚决与清高。

晚上我在暖黄色的台灯下，在那张褪掉了漆布满了无数凹陷划痕的书桌上做练习，今天下午的那一幕又蓦然涌上心来。

说实话，一贫如洗家徒四壁的我确实需要这笔救助。

年轻的班主任或许还未经历足够的世事，还不晓得有些帮助不能凌驾于自尊之上光明正大地进行。

但是孙美美，她绝对是不怀好意。

她不过是一逮到机会就伺机报复我，让我出丑，以解她被我说成是"长得漂亮没有头脑"的一辱之恨。

我确实这么说过。我实在是看不惯她娇羞做作的奴颜媚态，所以在一次数学课上，孙美美被提问时抓耳挠腮地解不出问题，我鄙夷地哼了这么一句，不知怎么就传到她的耳朵里。

于是我们就成了彼此见面分外眼红的仇人。

不过眼红的是她，我向来不屑跟这种人抬杠。所以我一般对她视而不见。

跟孙美美这种人结仇实在不是什么高雅的事，她只会在看见你时一如既往地给你一个白眼，或者千篇一律地说一些奚落嘲讽的话，只会玩些小女生惯用的伎俩。

而每次大考小考之后孙美美轮番被各个科任老师一脸窘态地叫到办公室谈话时才是我真正大呼过瘾的时候。

孙美美正一步一步努力地印证我说过那句话的真理性和真实性。

大概是她也觉得自己不是块能在学习上有所作为的料，所以分科以后孙美美很有自知之明地填了艺术生一栏。

我以为我们的人生自此以后一定再无交集。直到周书墨的出现，才让我恍然领悟之前的一切不过是后来轩然生命中的惊鸿一瞥。

二、周书墨，原来你也这样肤浅

高二开学后不久我就从班里的女生们口中零零碎碎地听说隔壁二班来了一个转学生，令我不解的是到底是何方神圣能让这一群整天埋头题海不问窗外事的理科女像群八卦妇女一样不厌其烦地讨论着同一个人，眼里还不时泛出阵阵春光。

她们讨论的就是周书墨，传言是一个像插画里走出来的美少年。

我鄙夷地撇撇嘴，这些女人，理科班那么多男生不够她们看吗？垂涎外人田，真没骨气。

可是当我看到周书墨的时候，电光火石之间，我惊讶他好看得宛若天人。

怎么说呢？他跟周围的男孩子太不同了。如果说其他每个男孩子都是一个花瓶的话，那他绝对是盛开在花瓶中最为美丽抢眼的鲜花。高高在上，鹤立鸡群。

所以当我第一次和他四目相交的时候情不自禁地心跳加速了。

不过像这样美好的少年于我而言只可远观不可亵玩，我很清楚自己的资本，根本不够去谈情说爱。

令我惊讶的还是周书墨是二班的学习委员，看来他不是那种空有外表没有大脑和孙美美一个档次的人。

而我是一班的学习委员，所以我们平时的交集颇多，时不时要交换资料考卷什么的。

用一句话形容周书墨的性格，我想那一定是"谦谦君子，温润如玉"了。他修养极好，不论对谁都会礼貌地微笑。

当年的他就像一场兜头而来的阳光融化了我心里那块愤世嫉俗的坚冰，让我在此后的很多个岁月里都不会为前方未知的暴雨风霜而感到愤怒和绝望。

可是孙美美出现在我们之间，让我们这种淡交如水的状态翻云覆雨地变化。

那天我和周书墨本来要一起去教导处领取刚订购到货的两班的物理练习册，可是走到一半的时候我才发现钥匙忘了带。

"糟了，我可能把钥匙落在课桌里了。"我十分抱歉地说。

他一如既往地露出一个明媚的笑脸，"那我们回去拿吧。"

后来很长的一段时间我都在后悔当初自己为什么那么粗心忘了带

钥匙，如果周书墨没有陪我回去的话他一定不会遇见孙美美。

可是如若命运早已安排两个人遇见的话，又岂是外界的任何力量能够左右得了的。有些事在宿命开始的时候就已经注定了。

我刚踏进教室就看到孙美美坐在桌子上和几个同学一起谈笑。我已经习惯了她隔三岔五地回来献媚的样子，而且每次都不忘向我"请安"。

可是这次我看到她没由来地心里竟然一阵慌乱的跳动，我总有一种不好的预感，预感我将要失去什么。

窗外的夕阳透过玻璃将整个教室照成明亮的麦黄色，很久很久之后我才知道那日温暖的夕阳是三个人刻骨青春里一场盛大劫数的开始。

孙美美看到周书墨的那一刻就呆住了，我分明看到她白皙漂亮的脸蛋上盛开了两朵红晕。

三、你的笑容曾经慌乱过我的年华

孙美美很快就对周书墨展开了攻势。孙美美长得漂亮，追她的男孩子不少，但她却没一个看得上眼。这次她主动出击追求女生心目中的插画王子周书墨，看来她一定是抱着势在必得的决心。

可是令她忍受不了的是，她最喜欢的周书墨竟然要因为公务时常和她最讨厌的人——我，待在一起。

所以每次和她狭路相逢的时候我都免不了要遭到她恶毒的冷嘲热讽。

她说："苏嘉妍，要不要我把我的镜子借给你照照，看清楚自己的模样。就凭你也敢和周书墨站在一起？你也配？"

我真的是气急败坏了，可是除了沉默地忍受她的挑衅之外，我没有能力也没有胆量同她搏斗。

我唯一的优势在于我能和周书墨光明正大地长时间待在一起。而这一点恰恰是孙美美分外眼红却又望尘莫及的。

孙美美发扬着她雷打不动的黏人功力，只要一有空就跑到周书墨面前讨巧地笑，就算她所在的教学楼和我们隔着一条长长的走廊，她也会风雨无阻地趁着十分钟的下课时间跑来见周书墨一面。

而放学后孙美美更是像借了天力一样厚脸皮地往周书墨身边蹭，就在她每次问周书墨中午要吃什么的时候，我都会很"碰巧"地出现在周书墨班级的门口，然后风轻云淡地说："周书墨，物理老师叫我们去她办公室取一份资料。"

我看到周书墨如释重负地说了一声"好"。

孙美美在旁边气得杏眼圆睁，真是让我大呼过瘾。

如果说这世界上有她孙美美不敢跟去的地方，那肯定就是办公室了。她曾被无数次被叫去那个地方经历过各式各样的神圣的谈话，所以在她的心灵上蒙层阴影也是情有可原的。

可是用这样的理由把周书墨从孙美美身边叫走到底是拙劣的，所以很多次我不得不硬着头皮将他带到办公室，然后装模作样地将办公桌上的几张草稿纸翻来翻去，最后迫不得已地从打印机里抽了两张空白的A4纸，塞一张给他。

他一头雾水地跟着我拿着一张白纸走了出来。但是他从不问我，说好的资料呢？

直到又一次，大概是他再也受不住了，"扑哧"一声笑出来。

他说："苏嘉妍，你就像个小孩子一样。"

他以往的笑容就只是习惯性地牵动嘴角，礼貌地将人拒于千里之外。可是这次他却咧开嘴，露出两颗俏皮的小虎牙，一下子将他以往温柔的作风提升了好几个明亮度。就像雷雨天气后吹散阴云的阳光，将我心里沉睡的情绪逐一唤醒。

他盯着我看，我浑身的血液都突然间急剧的沸腾，我的脸上是怎么也掩盖不住的炙热和潮红。

我想他的笑容，彻底慌乱了我素凉的年华。

四、我的心忽然就像是一座被掏空的城池，了无人烟，荒凉丛生

周书墨和我之间的关系发生了微妙的变化。我对他再也无法像从前那样从容淡定，波澜不惊。

而他看我的眼神也比从前更加意味深长，他似乎想向我传达一些什么讯息。

我装傻充愣，能躲则躲。

但是我不得不承认，有一种年少敏感的情愫正在我们之间势不可当地破土而出。

爱情这种东西于我而言，就像橱窗里那些有着惊天数字价格的锦衣华服，从来不属于我这种人。

至少说目前不属于我。

所以当孙美美第九十九次出现在周书墨身边时，我很识趣地绕道而行，就算真的有什么事需要他和我一起完成，我也只是咬咬牙一个人扛下来。也绝不再去唐突恶意地打搅他们的花前月下。

周书墨一定是察觉到了我在刻意地回避他，有好几次我看到他对我欲言又止的样子都让我心里一阵钝痛。我只得随便捏造了个理由就匆匆落荒而逃，我无意识地朝他瞥了一眼，就窥探到了他眼睛里无处安放的失落。

周书墨，你这样美好的少年不应该把感情投注到我身上。因为不值得，真的不值得。你从我这里得不到一星半点儿的回报。

但是很多年以后我明白了一个道理，爱情并不是讲究付出和回报必须等同的东西。它们之间，从来都不画等号。

当我再一次无意地经过二班的那扇门习惯性地抬起头一瞥的时候，教室里的情景却像深蓝夜幕下一条脉络清晰的闪电精准无误地刺进了我的眼睛。

我第一次看到周书墨对另外一个女生展露出那么阳光明亮的笑容，而且那个人还是孙美美。

他们一定聊得太有滋味了，以至于没有人发觉站在门外木然无措的我。

我的心忽然像是一座被瞬间掏空的城池，了无人烟，荒凉丛生。

周书墨，你终究还是没能抗拒了孙美美的外表。

我一直对中午的场景耿耿于怀，所以在放学后看到守在校门口的周书墨时我头也不回地朝着另一个方向大步地迈去。

可是周书墨追上了我，他说："苏嘉妍，这条路是你回家的方向吗？"

周书墨看着我一脸负气的样子，倒是很不介意地笑了。

他说："你真的就像梅花一样孤独桀骜。"

我低了低头，细声细语地说道："那孙美美呢？她是什么？"

他略微思索了一会儿，然后说孙美美是牡丹。

世人皆爱牡丹的雍荣华丽。看吧，他还是喜欢孙美美她那副美丽的皮囊。

我正欲转身离开，周书墨却抓住了我的手腕，他的语气里毫不掩饰地透出温柔和宠溺。

他说："怎么办，可是我就是喜欢梅花。"

081

五、故伎重演是你孙美美的当家绝活吗

我和周书墨在一起的消息在校园里不胫而走。其实别人的看法我真的一点儿都不在乎，我最想知道的是孙美美此刻会做何感想。我真想看看她在我面前突然没了底气没了骄傲的样子。

她一定百思不得其解前两天还和周书墨谈笑风生怎么突然就风云骤变沸沸扬扬地在学校里流传着我和周书墨在一起的传言。

而我也第一次在孙美美面前扬起了头向她炫耀那些让她无法企及的骄傲。

那时候我想，只要我活着一天，我就要朝着活得比她更幸福的目标走下去。

可是孙美美又一次不怀好意地将我那些隐忍的痛楚昭告于天下。

元旦之前，学校组织了一场浩浩荡荡的元旦晚会。

但是在元旦晚会之前，圣诞节那天学生会的人竟然突发奇想地安排了一场圣诞小晚会，说算是为元旦晚会热场。

令我不明就里的是晚会前竟然有学生会的人也把我叫去了后台，她说等下有节目需要我。

因为不是正规的晚会，所以舞台下的人像花团一样一堆堆地紧凑在一起挤在舞台前，我还有些恍惚，就看到孙美美拿着话筒站在舞台上。

可是我已经来不及逃跑了，因为背后有人用力地将我推到了舞台上。

舞台上刺目的灯火晃得我睁不开眼，精致妆容下的孙美美带着虚假的笑容将我拉到了身边。

音响里传来孙美美故作低沉的声音。她说这是一场慈善募捐晚会。

我的背脊发凉，手心里渗出了一大片汗水。

这个世界上每个人都有自己想要极力掩盖的痛苦，对于我而言，我那不堪入目的家庭就是我极力想要掩饰甚至摆脱的伤疤。

孙美美就像揭开一块布帘一样让我那些向外冒着汩汩鲜血的伤痛暴露在阳光下。

她说苏嘉妍是一个需要帮助的人，她父亲在她出生前就去世了，她母亲为了养活她曾经做过小姐，现在紧靠一点儿手工活支付整个家庭的开支和她昂贵的学费。

她后面怎么说我已经没有力气听下去了，我看见所有人都露出都蒙上了一层同情的眼神，我甚至听见有人在唏嘘，她们说那个不是和周书墨在一起的女生吗？

那一刻我真是可怜极了，我绝望地以为全世界都摒弃了我，全世界都在用悲悯的眼光看着我这个故作坚强的人。

我第一次在众目睽睽之下苍白着脸，眼泪一颗一颗陆陆续续地砸在冰冷的地板上。我紧咬着下唇不让自己崩溃的失声痛哭。

孙美美，你此刻加诸在我身上的所有难堪和痛苦，有朝一日我必定悉数奉还。

六、孙美美，这是我唯一能为你做的一件事

周书墨找到我的时候他大概也听闻了圣诞晚会的事情，我所有的委屈和痛苦在他面前即将倾泻而出的前一刻，他说："嘉妍，我真的不知道你有这么坎坷的家庭。"

我即将夺眶而出的眼泪被我硬生生地逼了回去。周书墨，如果你也是来悲怜和同情我的话，大可不必，真的。我并不觉得自己可怜，虽然生活拮据，虽然我不能像很多女孩子一样可以揣着钱到大街上买一大堆自己喜欢的东西，但这并不代表我有多么弱势，多么需要别人的馈赠和施舍。

相反，我觉得真正可怜的人是孙美美。我真心可怜她，她想要的都得不到，只能靠一些卑鄙虚伪的手段让她的虚荣心得到哪怕一丁点儿的满足。这样的人，不是更应该值得别人同情吗？

当孙美美带着耀武扬威的微笑向我俩走来的时候，我真想上去狠狠地给她两个巴掌。

真好笑，那一场晚会之后我成了这个世界上最可怜的人，她成了这个世界上最善良的人。

当她的眼睛绕过我定格在周书墨身上的时候，我的脑海里突然闪过一个很邪恶的计划。

我好像抓到了孙美美的软肋，周书墨一定是她致命的软肋。

年少的我们为了爱情为了自尊，容忍不了任何委屈，容忍不了自己喜欢的人不喜欢自己。现在想来那是多么盛气凌人的年纪，多么刻骨铭心的伤痛。以致在很久以后当我回想起那段年华，仍然清晰地感觉那是一阵一阵鞭打在肌肤之上蚀骨噬心的疼痛。

我去找孙美美，我说放学后我在学校后街的第二家店门口等你。

倘若那天她不来，也许我就会放弃那个念头。

可是她来了，带着不可一世的骄傲和清高。

我在她面前低下头来，我说："孙美美，你是对的，我这种人不配和周书墨站在一起。只有你这样有着漂亮容貌清白家世的女孩子才是和周书墨登对的。当初为了和周书墨在一起我耍了一点儿手段，可是周书墨并不喜欢和我在一起时平淡的生活，他和我说过，他喜欢的是那种轰轰烈烈的感情。我想这种感情也只有你才给得起，其实我和周书墨已经没有联系了，那天你看到我俩在一起的时候他叫我以后不要再去找他了。"

我泪眼婆娑地看着孙美美，她除了保持一贯高高在上的姿态之外，她的眼睛里有我预料之中的欣喜。

我接着说："我不想再和你争了，与其斗得头破血流不如我识相地放手成全一段佳话，这样我不会痛苦也不会以后落得臭名远扬。我觉得周书墨心里喜欢的人是你，美美，我想你如果能在周五的元旦晚会上给他一个惊喜的话他一定会高兴得发疯的。这也是我能够全身而退之前唯一能为你做的一件事了。"

胆大妄为的孙美美一定会在元旦晚会上做出什么惊天之举。

那天和孙美美交谈完后天色已经大暗，我加快着步伐往家里赶，却在离家最近的一条巷口转弯时被一双冰冷的大手扼住了手腕。我转身在泛着深蓝光的天空下看到了周书墨满是焦躁的眼睛。

他皱着眉头说："苏嘉妍，你去哪里了？为什么这么晚回来？为什么这几天一直在躲我？"

我局促不安地回答道："书墨，我最近家里出了点儿事，我妈妈住院了。"

周书墨突然抱住了我，他的双手环在我瘦弱的腰际，他在我的耳边细语："嘉妍，以后我来保护你，不再让你受任何委屈。"

所有长时间以来隐忍的悲伤和痛苦让我瞬间崩溃，我靠在周书墨的肩膀上哭得不能自已。我动了恻隐之心，我真的不能伤害周书墨，否则我一定会得到报应的。可是我真的太恨孙美美了，以致我在遏制不住的眼泪中安慰自己，周书墨一定会原谅我的，毕竟他喜欢我。

在之后每一个孤单的夜晚我都想念当初周书墨给我的这个拥抱，

让我寂静的余生有了零星的温暖而不至于太过荒凉。

七、一生不能再相遇

孙美美动用了自己在学生会的关系轻而易举地为自己在晚会的末尾安排了一场小插曲。

一场轰轰烈烈的表白。

想知道效果有多令人震惊吗？第二天你随便在校园里问一个人昨天晚会的最后发生了什么事我想她都会津津有味地为你娓娓道来。

孙美美慷慨激昂地在众人面前说着她有多喜欢周书墨，而周书墨也同样喜欢她。她一定觉得这是一场盛世经典的王子与公主的童话，但是直到陆陆续续有人等得不耐烦了搬着椅子离开后，她才明了原来不过是她一个人的独角戏。

倾夜之间，孙美美沦为全校的笑柄。

而周书墨呢？我只说"我身子不舒服"就让他陪我待了一整晚的医院，那场晚会自始至终我们都没有出现过。

我知道孙美美一定会来找我。

那天晚自习所有人都埋头做练习，突然就有人闯进了教室，我还没来得及反应，孙美美劈头盖脸地就给了我一记响亮的耳光。

很多人站了起来，大概是有人去隔壁叫了周书墨，他也赶过来了。

我一只手捂着炽热的左脸，火辣辣的疼。

周书墨将我护在身后，他说孙美美你想干什么？

孙美美指着我，恶狠狠地说："你怎么不问那个贱人对我干了什么？"

有个男生看不下去了，他对孙美美说："孙美美，你无缘无故跑来我们班打苏嘉妍，现在又说她贱人，你这人是不是有病啊。"

然后又是一片此起彼伏的骂声。

孙美美哭了，她的骄傲她的美丽在这一刻被所有人鄙夷和唾弃，她成了全世界最不可理喻的疯子。

我明明赢了，可是为什么我觉得自己好卑鄙。

其实在那些嚣张跋扈的青春里，那些头破血流的争斗都不能用输赢来定论。因为最后的最后，我们都受伤了，伤得满目疮痍，面目全非。

因为孙美美触到了我的底线。

她竟然拍下我和周书墨在一起的照片，摊在了我面容憔悴满目沧桑的母亲面前。

十七年来这个我一直唤她"妈妈"的女人第一次那么悲伤而绝望地用力将巴掌甩在我的脸上，她痛骂我不把精力放在学习上，而学习是我们走出困境的唯一出路。

我瘫坐在地上失声痛哭，我大声地哭叫，我说我真的恨死孙美美了，她什么都有了为什么还要来跟我抢，为什么她那么不要脸地将我的自尊践踏在她的脚下。我一定要报复她，我一定要让她尝尝什么都得不到，全世界的人都唾弃她的滋味。而周书墨就是我报仇唯一的工具。

然后我听见一声震耳欲聋的捶墙声从后面传来，我心惊胆战地回过头看到站在门口的周书墨，他的拳头砸在泛黄的墙壁上，他的眼睛瞪着我溢满了泪水。

孙美美站在他的旁边一脸异样的表情。

她不过是带周书墨来听我怎样设计让她在晚会上出丑的事，想不到我却将我们的争斗和我的阴谋全盘托出。

我知道我们完了，不管是我和周书墨还是我和孙美美。

我们都在彼此的生命中狠狠地割了一刀，现在这个伤口终于喷薄出鲜血，我们看见了疼痛，看见了自尊、欺骗、骄傲、愚蠢，看见了人性的凉薄。

我以病假为由在家待了好几天，去学校的时候我看到了周书墨。他瘦了，真的瘦了，眼睛里有血丝，眼睛外有黑眼圈。

我真是坏透了，我把世界上最美好的周书墨折磨得不成样子。

他朝我走过来，脸上没有任何表情。他说："苏嘉妍，我真想和你此生不复相见。"

我从他的眼睛里看到了如死水一般的绝望。

他向我的背后走去，他的肩膀轻轻摩擦过我的身子。那个温暖的肩膀，曾经盛满了我悲伤的眼泪，那双修长的双手，曾经捧起过我一生的信仰。

真是震耳发聩的美好，却被我亲手毁灭。

终于终于，我在原地剧烈而无声地恸哭。

我跪在母亲面前乞求她带我离开，否则终有一天我会因为自责和内疚死在这里。

她第一次答应了我这样过分的请求。她说她希望我能重新开始生活。

我们搬去离这个城市很远很远的一个小镇，这里没有悲伤没有过去，所有的一切都很新鲜的样子。我会对每一个陌生人笑，他们都说我肯定是个很善良明媚的姑娘。

很久之后，有多久呢？久到我正在一个遥远的地方为大学毕业就业的事苦恼。我收到了孙美美的一封信，她在信里说："嘉妍，这么多年来，我始终亏欠你一句对不起。"

我笑了，仿佛又看到了记忆里的那些青涩的脸庞。

那些年少轻狂的爱恨情仇早已在时光的洪荒里荡然无存，那些说着爱我恨我的少年少女也早已被风吹散落到了天涯。

是谁说过的，一次错过，一生不能再相遇。

而那个微笑温暖了花开的少年，那个名字刺进我骨子里的少年。

周书墨，你还好吗？你会不会偶尔想起苏嘉妍，那个让你又爱又恨的姑娘。你会怀念她？还是在想起她时仍旧咬牙切齿愤愤不平？

当然，这一切对我而言已经不重要啦。倘若有一天你在一棵茂盛的大树下看到枝丫上挂着一条色彩明亮的纸牌，上面端端正正地写着"周书墨，我在这里希望你幸福"的时候，你千万不要惊讶。

你此生所有不快乐的时光一定已随着我的离开弃你而去。你要相信这个叫作苏嘉妍的女孩儿，不论她在世界的哪个角落，她都会站在原地虔诚地为你祝愿。

希望你一生幸福。

有没有一首情歌唱给我

陈小艾

1

遇上周屹辰的时候，我正揣着干了一个月兼职赚来的一千八百零七块钱蹦蹦跳跳地行走在霓虹闪耀的马路上。夜色中前方有辆车忽然急刹车停下，副驾驶上的人探出半个脑袋，"嗨，美女去哪儿？载你一程吗？"四下望了望，确定周围没其他人，我慢慢靠近，不由自主地捏紧挎包。

"你是跟我说话吗？不用了，我前面那个路口就到了。"说完我就要走。

"怎么，不认识了吗？"路灯的光打在男生脸上，看得出他眼神里有一丝落寞。

"请问你是到我兼职的奶茶店喝过奶茶吗？"我依旧疑惑不解。

男生从副驾驶上下来，站在我面前，高大挺拔的男生，有着好看的肩线，由于他遮挡住路灯的光，我看不清他脸上的表情。

"姚芊芊，你脸盲症的毛病还是没改啊。"

我抬起头，有些惊愕，也有些语无伦次，"周屹辰？"

"是我，好久不见。"

我低头望着地面上男生的身影，眼泪在眼眶里打转，却不敢仰起头去承接他灼灼的目光。

2

初二那年周屹辰空降到清远中学，很快便成了大家眼中的焦点。这也完全合乎情理，一个长得帅、成绩好、体育项目样样精通的外来物种，很容易便能成功俘获大家的心。彼时我是成绩不好又爱惹是生非的麻烦精，几乎没什么朋友，跟众星捧月般的周屹辰属于截然相反的两个阵营。

体育课上大家都在跟老师学习最新的广播体操，我偷溜出校门去买东西吃，吃饱喝足之后准备趁老师不注意偷偷回到队伍的时候，队尾的周屹辰叫住了我，"姚芊芊"，他拉长了一下音，我瞪了他一眼示意他不要多管闲事，"喏，擦擦嘴上的油。"边说边递给我一张纸巾。

那是我们第一次打交道，但我依旧不领他的情，在我看来我们是不会有交集的两类人，而我姚芊芊的人生信条是"绝不招惹跟我不是一个世界的人"。

每次考完试周屹辰永远站在红榜顶端傲视群雄，而我则过着每次考试都拿一个尴尬的分数，平日里过着各种给班主任添乱的日子。

周屹辰应该是那种一路高歌猛进从重点高中升入名牌学府的天之骄子，而我给自己设计的人生则是混个三流高中如果一切顺利进个三流大学，不顺利就干脆学点儿技术早日养家糊口。

如果不是初三那年家里突发意外，我想我跟周屹辰对于彼此应该都只是那种初中毕业便分道扬镳说拜拜老死不相往来的角色。

那年，一向健硕的爸爸去施工现场监工的时候意外受伤，当场昏迷，万幸的是保全了性命，却只能躺在病床上被人照顾。妈妈辞了工作常驻医院照顾爸爸的饮食起居，高额的医疗费很快花光了家里并不丰厚的存款，施工单位的赔偿款迟迟下不来，突如其来的变故让从小衣食无忧的我开始认识到生活的愁云惨淡，妈妈甚至窘迫到连我的学费都拿不出来。

了解情况的班主任很快联系到社会上愿意资助我完成学业的好心人，一向顽劣的我开始考虑收起心思好好学习。我找到周屹辰，声音怯怯地说："我想好好学习了，但是我落下的功课太多了，能向你请教吗？"

"好啊。"他答得干脆利落。

那个时候距离中考只有不到八个月的时间了，而我欠下的功课又太多，晚上躺在床上听到墙上钟表"滴滴答答"的声响我甚至会心慌地失眠。

我像变了一个人一样，开始学着周屹辰的样子整理厚厚的笔记，一遍遍研究做错的题目，不会的知识点便一遍遍地向他请教，桌子上贴的励志贴纸换了一张又一张。在初三频繁的模拟考中，我的成绩一次比一次好，中考前的最后一次模拟，我总成绩排在了全年级第十七名，让所有人瞠目结舌。

我永远忘不了进中考考场之前周屹辰一个劲儿为我加油鼓劲的样子，从考场里出来的时候，我就非常笃定秋天开学的时候我能跟他进入同一所高中了。

3

秋天实验中学开学报到的日子，我早早地便来到了学校，办完入学手续转身看到从远处提着行李箱走来的周屹辰的时候，我便笑了，迎上去，没头没脑地说了句："谢谢你啊。"

"客气什么，陪我一块去办入学手续吧。"

周屹辰被分到了重点班，我的入学成绩在普通班排中上游，在实验中学这样一所远近闻名的重点高中里，以我现在的成绩三年后考一所不错的大学还是大有希望的。在距离中考还剩不到八个月的时候，是周屹辰拯救了我，让我实现了从差生到优等生的华丽逆转。

进入高中后繁重的课业压力袭来，身边的每个人都过着按部就班的生活，生活像是一潭波澜不惊的死水。而周屹辰的生活则依旧丰富多彩，他参加了学校篮球队，报名参加数学奥赛班，还代表学校去省里参加英语辩论赛，他将学习之余的课外时间充分利用起来，每一项都做到极致。

之前资助我的好心人答应把我当成长期帮扶对象，这就意味着我开始不用为了学费生活费忧心，我像每一个从小一路优等生走过来的人一样，将"学习"列为高中生活中不可更改的头等大事。

由于不在一个班，周屹辰的事情又多，平日里我们交流的时间并不多，但每次他去外地比赛回来总会给我带回礼物，有时是当地的特产，有时是精巧可爱的发卡等小玩意儿，它们都是我枯燥日子里的惊喜。

相互加油打气相约着簇拥不远的未来，我们就像相交多年的老朋友一样。直到政教主任拍着桌子呵斥我跟周屹辰的时候，我才开始仔细审视我们之间这种交往方式有何不妥，是不是真的如谣言中说的那样是在早恋。

"你们都是成绩不错的学生，难道不清楚现在最该以学业为重吗？不要在那些乱七八糟的事情上浪费太多心力！"政教主任一副恨铁不成钢的样子。

后来很长一段时间里，我们尽量避免在学校里有过多接触，两人相互鼓劲的话都写在一个淡紫色的笔记本上，相互传阅。

"姚芊芊，请你一定要勇敢。"这是他在本子上写得最多的一句话，他苍劲有力的笔迹仿似给了我无穷的力量，他知悉我生活的千疮百孔，知道我白天的笑脸背后附带了夜晚多少的眼泪，十几岁的少年学着用委婉的话给我加油打气。

4

高二那年的元旦，我们约了几个好朋友一起去KTV庆祝跨年。一进KTV沈晴这个麦霸点了几首最爱的梁静茹的歌以后，又恶作剧般地给我跟周屹辰点了一首情歌对唱《屋顶》。我坐在角落里一个劲儿地往嘴里塞爆米花，手机屏幕忽然亮起来，是妈妈的短信——"丫头，快来，医院给你爸下了病危通知书。"

惊慌失措的我来不及跟大家好好告别便抓起外套往外跑，边跑边吼："谁也别跟着我，谁跟着我，我们就绝交！"我不想让大家看到我脆弱的一面，一个人在夜色中跌跌撞撞地拦下出租车飞奔向医院。周屹辰的短信和电话一个接一个，我都选择不予理会。

我赶到的时候，已经有不少闻讯赶来的亲戚，小姑父联系了省里的医院，在办转院手续，我还没来得及喘口气便风尘仆仆地跟着赶往省城。

经过省城医院医生们的全力抢救，爸爸总算从鬼门关前捡回一条命。

回学校后，周屹辰关切的目光总是如影随形，但我却忽然不想跟他走得太近了，一是不想再让谣言愈演愈烈，二是不想让他为我的生活担惊受怕。

他递给我的笔记本上写了满满三页纸的长信，字字句句都是对我的关心。我琢磨了很久该怎么回信给他，直到手里的笔记本再也没机会送出去。

他几乎是悄无声息地走的。从沈晴那里我知道他被爸爸送去了南方的一所学校，在那里接受全英文的教育，为去国外念大学做准备。

至于具体在南方哪座城市，学校叫什么，所有人都一无所知。他就像从人间蒸发了一样，留给我一个悬而未解的谜团。

没有周屹辰在的日子我的生活开始变得简单起来，除了担忧老爸的身体以外便把全部的精力都放在了学习上，我以不容小觑的黑马之姿在高三一次又一次模拟考中不断刷新着历史最好成绩。

有时我会想起周屹辰，他对我的意义就像恩人一样，为我的人生创造了新的可能性。

在那个6月我从容地走过了那场据说可以改变人一生的生命轨迹的考试，收获了一个不错的分数，拿到了南方一所不错的学校的录取通知书。而爸爸的病情也渐渐好转，医生说如果一切顺利，过不了多久爸爸就可以出院了。

5

大学的课业轻松了不少，我谢绝了好心人的帮助，开始自食其力，课余时间找了几份兼职，赚来的钱不多，但养活自己够了，有时还能拿出一点儿贴补家用。

周屹辰依旧杳无音信，我开始不再寻找他。过去的这段时间，我在微博、朋友圈、论坛里发了很多寻找他的信息，都一无所获，我把信息挨个删除，决定不找他了，因为如果他觉得我重要，一定会回来找我的。

每次朋友聚会的时候我都会点一首《屋顶》，以弥补多年前心底那个遗憾。

我在大学里安静地上课、泡图书馆、参加自己感兴趣的活动，我用自己兼职赚来的钱给自己买喜欢的衣服鞋子，给爸妈买礼物，身边的人一个个走马观花似的谈恋爱，我却从大一的秋天到大三的秋天一直是一个人。

直到又遇上周屹辰。

三年多没见，他依旧是记忆里的翩翩少年，更高了，眼神里又多了几分沉稳。

坐在深夜的咖啡店里，我没有过多询问过去的这几年他去了哪里，遇上了什么人，经历了些什么事，因为看他此刻站在我面前，我知道他过得一定很好。

他递过来一个跟我珍藏多年的那个一模一样的笔记本，翻开里面满满的都是他的字迹，我心底那些隐忍曲折的情绪，似乎也弯弯曲曲得到了补偿。

6

很长一段时间，我一直在想，周屹辰对我来说究竟是什么样的存在呢？

他在我孤独脆弱的时候，给我力量，将我的人生引入正轨，我们在寂静的年华里相互陪伴，我们都清醒地知道彼此对于自己的意义，但在幼小的年纪，我们懂得隐忍自持，因为我们深知，还有更遥远的未来，会一起走。

我用了一个晚上把周屹辰那本厚厚的笔记看完，曾经心里一直漂浮不定的虚幻的幸福感终于坚定踏实地扎根在了地上。

我终于知道，曾经错失的那些情歌，我们终于可以一起唱。

蓝　鸢

鲨鲨比亚

1

　　是独栋的别墅，大大小小的房间有十几个，不过其中大多都空着，所以打扫起来工作量还不算太骇人。

　　工钱说好是一个月三千，包吃住。阮禾住在楼下朝北的一间小客房。白发和善的主人住楼上主卧，但他三天倒有两天是不在家的。行李箱时刻在玄关处准备好，不是飞欧美就是飞日韩，很忙的。

　　二月的时候，白发主人说，春节期间事多，他可能还要在家招待几次客人，所以这个月的工钱涨两千块。

　　不是说越有钱的人越吝啬吗，其实也有例外。

　　阮禾做事很麻利的，虽然说这么大的房子打扫起来实在费力，但因为主人经常不在家，所以扫除一次可以保持好几天。余下的时间阮禾就在书房看书，主人一早说过，这里的书随便她取阅。

　　书房里有一面墙上挂了一幅大大的女人照片，是个非常美丽的女子，长发，眉目温婉。阮禾有时看书看累了会停下来望望那张女人的照片，然后在心里猜测她和白发主人到底是什么关系。

　　这么大的房子，却一直只有白发主人一个人住，这令阮禾想到她自己，想利用假期时间打工赚钱什么的，不过是她随口编的借口，困扰她的从来不是金钱，而是孤独。

临近春节的时候，白发主人忽然说，他还得出差，客就不请了，不过另外有一件事麻烦阮禾。

阮禾心想我已经多拿了两千元报酬了，赶紧说，不麻烦不麻烦。

主人笑笑，我儿子马上旅行回来了，这段时间我不在家，麻烦你照看一下他。

2

柯西提早了几个小时到，阮禾正在厨房做饭，没听见外头的动静，直到拉杆箱的轮子从厨房外头发出轧轧的响声，阮禾这才跑出来。

穿着黄色小鸭的围裙，头上绑着彩虹色的束发带，柯西看到这个女孩子时不由呆了呆。爸爸是说家里又新请了个小保姆，可是这女孩儿的模样和小保姆似乎有点八竿子打不着。

"你都不出来迎一下吗？"

阮禾想你不是也没按门铃吗，但嘴上马上道歉，"对不起，对不起。"说着就要接下柯西手上的箱子，柯西别扭地将肩膀向旁边一让。

"我肚子饿了！"柯西一边将行李箱往楼上拖，一边用很少爷的腔调吩咐道。

"是，是，知道了。"阮禾努力扮演着她想象中的尽职女仆。

完全不像是白发主人的儿子呀，这种嚣张跋扈的性情，样子也不像，阮禾想起书房里挂的那个女子的相片，这个家伙的轮廓差不多和那个美女是一模一样的呀，哦，原来那个女人真是白发主人的太太。

阮禾做了炸虾、罗宋汤和醋熘白菜，柯西吃得没剩什么，想来是合胃口的，但吃完饭，柯西却对阮禾说，"你这算什么菜系？混搭呀！"言下很有不屑之意。

这家伙到底是不是白发主人的亲生儿子呀，阮禾想到她给白发主人炒一碗鸡蛋炒饭都能得到赞扬。

"那少爷你喜欢吃什么？"阮禾刻意用了少爷这个称谓。

"只要是给人吃的食物都可以。"柯西声音凉凉地说。

他是故意用这种反讽的方式来表明刚才那一顿的水准都达不到"人类可以进食"的程度吗？那他还吃得一干二净？难道他根本不是人呀！阮禾在心里这样腹诽，但脸上仍挂着恭顺的笑容。

人在屋檐下不得不低头嘛。其实每个人最终都要学会戴着面具做人，只是有些人比较幸运，可以等到年纪很大的时候再学，像阮禾这样父母离异姥姥不疼舅舅不爱的，那只好被迫提前掌握这项技能了。

所以虽然柯西百般挑剔，但阮禾始终没有和他正面冲突。

春节很安谧地就过去了。除了柯西时而和白发主人视频，屋内几乎没什么其他的声音。远远的有其他家传来的鞭炮声，听上去既空洞又凄凉。

阮禾是不羡慕那种阖家团聚的热闹的，要羡慕也无从羡慕，柯西也显得很淡定，孤零零一个人过春节在他好像也是常有的事情。

阮禾不明白书房照片中那个美丽的女子为什么一直都不出现。大过年的，难道说这个柯西也是悲摧的父母离异的吗？

一天阮禾忍不住问，"为什么都不见你妈妈？"

正埋头看英文原版书的柯西抬了抬头，"她死了。"

阮禾特别懊悔她没事多嘴问了这个问题。这晚尽心尽力为柯西熬了一锅菌菇鸡汤，并且没往里面丢她从院子里抓来的沙土，或者别的什么脏东西了。以后也再没干过。从小缺少爹妈管教的阮禾确实有着非常恶劣的一面，但大体上来说，她的心肠是不坏的。

白发主人归家后对阮禾说，"谢谢帮我照顾柯西呀。"

明明是她分内事呀，还要道谢，怪不得生意做那么成功，果然是和气生财。

"我想你和柯西一定相处得挺好，你这么懂事，柯西也是乖小孩儿。"

咳咳，果然自己的孩子怎么看都顺眼，柯西那种地主家少爷的德行还"乖小孩儿"？阮禾心里虽然不认同，但嘴上仍顺着白发主人说，"是，他是很好。"

春节过后没多久学校就要开学，阮禾事先和白发主人说好的，只做这么久，之前那个保姆回了老家，过完节还要回来，所以刚好接上。

离开前一天阮禾将这一大套屋子上上下下里里外外全部好好打扫了一通，善始善终嘛。坐在客厅沙发上看电视的柯西见到阮禾推着吸尘器过来，一副充耳不闻视而不见的模样。

"让一下呀，少爷。"阮禾说。

柯西仍是稳若磐石岿然不动。

好，山不就我，我去就山。阮禾将立式吸尘器放在一边，走过去拎起柯西的两条腿，轻拿轻放将它们安置在茶几上，然后若无其事再次开启吸尘器清扫茶几下垫的长毛地毯。

柯西这下是真的石化了。阮禾靠过来时头发掠过他的脸颊，凉而滑，又带着很淡很淡的香气。

清理完客厅阮禾关掉吸尘器准备离开，柯西开口问道，"我爸说你也是大学生，你哪个学校的？"

阮禾报了校名，柯西一脸震惊的表情。干什么呀，难道她看上去弱智到不配去读那种好学校？

这个富二代真的不是一般的讨厌！离开白发主人家时，阮禾心中对柯西的最终评价就是这样的。

3

阮禾有一张存折，已经用了很多年，在白发主人家打工赚的钱全部存了进去。她从来就不缺钱。阮禾觉得父母离异后就不拿她当女儿了，而是当作一个人形储钱罐，定期往里面塞钱，很多很多钱。阮禾并不乱用，积攒到今天，上面那个数字已经非常惊人，足够她去几十趟欧洲，好几趟南极了。

可是她也并不喜欢旅游。

在同宿舍女孩子的眼中，阮禾是个很质朴的姑娘，虽然漂亮，却一点儿不爱打扮，一件名牌衣服也没有，也不用化妆品，清水洗脸，擦美加净。她们以为她家境恐怕不太好。不过，阮禾有一部不错的相机。选修了摄影课，成绩很好，她帮舍友们拍的那张合影被放大了挂在宿舍的墙上，大家都很喜欢。

阮禾似乎特别懂得怎么样捕捉一个人最美好的瞬间。

取景器里那个正准备投篮的男生脸上挂着汗珠，阮禾莫名想起夏日雨后的荷叶。她按下了快门，然后查看刚才拍摄的成果，非常完美，可以不用修片直接打印出来。

阮禾正在沾沾自喜的时候，相机忽然被人劈手夺去。

"你偷拍我？"比阮禾整整高出一个头的男生抓着阮禾的相机质问。

"你以为你是哪个大明星？"阮禾脸不红心不跳地抵赖。

"你敢说这上面的人不是我？"

"哦，我在拍你背后那只鸟。"阮禾继续狡辩。"我只是用你的头来衬托它的大小。"

一直对阮禾怒目而视的男生忍不住扑哧笑出声来。

"相机还我。"

"我要把你偷拍的照片删掉。"本来就很高的男生举高双臂，阮禾试图抢回相机但怎么都够不着。

这相机可是她的宝贝，阮禾心里发急，她正在考虑是不顾一切咬这家伙一口逼他松手还是直接踢他下体的时候，有人在不远处喊了一声，"蓝鸢！"

这大概是这个高个子男生的名字，他转过身，同时手臂也垂了下来，阮禾趁机夺回相机。

"喂！"蓝鸢试图再抢回相机，刚才喊他那个人也走近了。

"咦，怎么是你？"那人诧异地望着阮禾问。

其实阮禾心里想的也是同样一句话，但并没有说出口，走过来的人竟然白发主人的儿子，那个名叫柯西的大少爷。

怪不得上次他听说她也上Z大的时候露出那么怪异的表情。

"你们抢来抢去干什么？"柯西见阮禾和蓝鸢一人揪相机带子一人抓着机身不肯放手，疑惑地问。

"他是抢劫犯，抢我东西，你快点打110报警。"阮禾说。

蓝鸢忍不住，第二次放声大笑起来，一边笑一边转脸问柯西："我们学校是刚开了相声系吗？"

后来，阮禾始终坚持说她偷拍的不是蓝鸢，而是他身后停在树梢上的那只鸟，照片终于没有删除，蓝鸢为了扳回一局向阮禾撂下一句："好吧，算本少爷做件善事，让你晚上睡不着时看着本少爷的照片发花痴吧。"

阮禾抱着相机翻着白眼走开了，果然物以类聚人以群分，柯西和这个叫蓝鸢的都不是好东西。

4

周末回到家阮禾把最近拍的照片全部整理好，制成明信片。

阮禾有一个专门贩售自制明信片的网络店铺，已经开了好几个年头。营业额平均下来一个月也就几百元，并不赚钱，但对阮禾而言是一种寄托。

一百七十多平方米的房子，一直只有她一个人住，空得令人心慌，如果不找点儿事情来忙忙碌碌，阮禾真怕自己会直接疯掉。春节不回家跑去给人当小保姆，也是这个原因。

由蓝鸢的照片转制的明信片，一挂上网就卖掉了。

虽然心里挺讨厌他，但审视照片的时候阮禾也不得不承认，这家伙真是帅到男神的程度。欧式的眼睛，眼珠子黑沉沉的，眉毛黑而乌亮，形状挺括，同时因为眉眼间距离略近，所以给人一种魅惑的感觉。

阮禾喜欢拍美少年的照片，这大概是十三四岁时养成的习惯。很难解释是为什么，大概是因为她情窦初开的时候父母忽然决定分开，这令她对人与人之间的感情感到不安和幻灭，可是听着童话长大的阮禾心中仍有一个关于白马王子的梦，所以她才会选择远远地用镜头对准那些看上去很美好的男孩子。

也是因为这样，阮禾从来没有对现实中的男孩子发生兴趣，虽然已经念大学了，但阮禾从来没有恋爱过，她甚至不曾暗恋过谁。

如果不去喜欢一个人，那么就杜绝了受到伤害的危险，阮禾的潜意识里其实已经这样认定了吧。

周末的商业街是偷拍帅哥的绝佳地点，阮禾从一大早忙碌到现在，收获颇丰。一般来说美少年们就算发现自己被偷拍了也不会有什么特别激烈的反应，至少阮禾从来没碰到过，像蓝鸢那样又是对峙又是发飙的，阮禾还是头一回遇到。

这个念头刚刚从阮禾脑中掠过，背后忽然响起"哈"的一声。

谁用这么二百五的方式和她打招呼？阮禾转身，看到的竟然是蓝鸢本尊。

穿着很休闲的衣服，头发乱糟糟的应该是晚上洗过头直接睡了，醒来也懒得整理，不过看上去竟也不难看。他手上拿了一个咬了一半的甜筒，笑得眼睛弯弯的。

"我观察你很久了。"

阮禾"哦"了一声。

"怎么样，很有螳螂捕蝉黄雀在后的现场感吧？你偷拍别人我偷窥你。"

偷窥？他还能用一个更恶心点儿的词语吗？阮禾懒得理他，她看见不远处有个女孩子一脸不满地看着他们这里，手里也拿了一只甜筒冰激凌，应该是蓝鸢的女朋友吧。

和女朋友约会却不好好陪人家，阮禾虽然对蓝鸢的为人毫不了解，但显而易见的，这货是个花花公子无疑。

"好了，那我们算扯平了，你哪儿来的再回哪儿去吧。"阮禾毫不客气地说。

蓝鸢对逐客令充耳不闻，继续兴致勃勃地说道，"你知道吗？刚才我偷窥你的时候发现你一直在偷拍帅哥，喂，你是不是真的精神有问题？花痴可真的是一种病哇。"蓝鸢说完抿着嘴憋笑，嘴角剧烈地颤抖着。

这人还能更贱一点儿吗？阮禾决定不对他客气了，"你真是火眼金睛，我确实是有花痴病，你要再不走远点儿，搞不好我就在大庭广众下直接扒掉你裤子。"

阮禾的回答显然大大出乎蓝鸢的意料，他颤抖的嘴角终于固定不动了，同时又不小心弄掉了手里的甜筒，蓝鸢不得不弯腰捡起已经跌烂的冰激凌准备丢去垃圾桶，他再直起身时阮禾已经走远了。

5

神奇发生了，阮禾收到一个陌生人寄来的大包裹，方方正正的大纸箱，差不多有二十斤重，阮禾要很费力才能搬上宿舍。

瑞士莲巧克力，夏威夷果，唐饼家的糕点，箱子里装的都是各色美味的零食。

因为时间上的巧合，阮禾最初怀疑包裹是蓝鸢寄来的。但这个荒谬的推测很快被阮禾自己推翻了。

阮禾试图退回去，但包裹单上寄件人那栏只是简单地写着：文先生。舍友提醒阮禾快递公司可能不会收这种没有准确收件信息的包裹的。

当阮禾仍在考虑要用什么方法妥当地归还包裹时，另一个包裹又从天而降，仍是塞满了各色美味的零食。

"看上去真是美味呀。"舍友开玩笑说。

"那就拿去吃吧。"阮禾干脆说。

此后又接二连三寄来了不少包裹，让阮禾同宿舍的女孩子大饱了口福。阮禾对零食没什么太大的兴趣，她只是每次都把寄来的零食种类、数量、她查到的市场销售价格，全部记录下来。

寄件地址是有那位文先生的电话的，阮禾考虑过要打一下这个电话，可是又觉得如果她打了，好像就成了上钩的鱼。

有时候，游戏进行不下去，是因为对手拒绝互动。阮禾不准备玩这个游戏，她对这个躲在暗处的什么文先生实在没有太大的兴趣。

然后有一天，这个电话号码出现在了阮禾的手机上。

"怎么样，东西还好吃吗？"开门见山就是这一句。

阮禾心想，这声音挺熟的呢。"你哪位？"她问。

电话那头静默了大约两秒钟，"文柯西呀。"

阮禾这才想起白发主人确实是姓文的，那么他儿子当然也会跟着姓文。

所谓的文先生竟然是柯西这家伙，阮禾觉得不可思议，"你现在在哪里？我要见你。"阮禾心平气和地说。

6

阮禾先去了一趟银行，然后就去了柯西给的那个地址。

是那种很高档的公寓，距离学校不算太远，进大门时门卫除了盘问是来探访哪一家住户，还要求阮禾出示了身份证。

柯西住在十二楼，电梯门一开阮禾就看见正倚在公寓门边等待的柯西。

"进来坐，阮禾。"柯西招呼着。

"不用了。喏。"阮禾递过去一个信封。

柯西诧异地接过信封，打开后发现里面装了一叠钱，还有一个清单似的手写的列表。

阮禾把每次送去的零食都折成现钱还给他了。

"你要是可怜我家境太差吃不上好东西，那你真是多虑了。我觉得你把这钱捐给失学的小孩子们，会更有意义些。"阮禾真心地建议。

柯西的脸上青一阵白一阵，电话里阮禾说要来见他的时候，他不知道多么开心。这么处心积虑地追求一个女孩子，在他可是第一次。他还以为他精诚所至金石为开了呢，结果……

柯西从信封里将钱抽出来，然后猛一抬手将钱砸在了阮禾的脑门上。

被一叠崭新的人民币打脸的感觉其实还蛮痛的。

一向自力更生的阮禾当然不会是挨了打不还手的善主，"你疯啦！"她一边厉喝一边伸出手去。

然后，惨剧发生了。

听到尖叫声冲出门来的对门邻居连声高喊着，"怎么了？怎么了？"

捧着被夹伤的手痛得眼泪直掉的阮禾也忍不住想，蓝鸢怎么住柯西对门？

蓝鸢和柯西其实是一对从小一起长大的好朋友，考入同一所大学后柯西和蓝鸢都嫌弃学校宿舍太简陋，所以租住了这里的公寓，门对门，既有独立空间又能互相照应，好朋友的感情天长地久。

要不是因为手实在太痛了，阮禾一定会揶揄他们"你们两个其实是深爱彼此的吧！"

最后关头柯西察觉不妥将门拉住了，不然以现在防盗门的质量，阮禾的手指一定全断了。

蓝鸢一边用冰袋敷住阮禾青紫的手指一边建议阮禾去医院看一下，阮禾费力吐出几个字："没那么娇气。"

"十指连心，你怎么都不喊痛？"蓝鸢觉得无法理解似的连连摇头。

阮禾忍不住冷笑起来。夹伤手指什么的也算伤呀？她十来岁时一个人在家里换灯泡差点儿触电，当时吓得魂飞魄散，可是她也没嚷，爹不疼妈不爱的小孩儿，当然应该识相地放弃撒娇的权利。"我喊痛，你安慰我呀？"阮禾反诘。

"当然。"蓝鸢轻轻拍拍阮禾没有受伤的手背。虽然蓝鸢一副开玩笑的表情，但阮禾还是被打动了，心脏似乎变成了出了故障的钟摆，她感觉到它越跳越快。

蓝鸢又笑眯眯接着说："我还帮你报仇，怎么样，帮你揍柯西一顿好不好？或者直接把他的手也夹一下算了！"

一直苍白着脸站在一旁的柯西连连点头，像是对蓝鸢的提议无比赞同。

要不是因为手实在太痛了，阮禾真的会笑出声来。其实她夹伤手后，柯西那种吓得魂飞魄散的表现，叫阮禾根本没法对他生气，她知道他不是故意的。说真的，之前柯西在阮禾心目中是个毫无优点的人，但现在阮禾觉得其实这个大少爷挺有同情心的，能对别人的痛苦感同身受。

7

虽然阮禾并没把受伤的事放在心上，但因为伤在右手，所以确实带来了一些不便，蓝鸢和柯西这时像拯救公主的骑士似的粉墨登场了，替阮禾打热水，在她上课的时候混进去帮她抄笔记，拉着她一起去吃饭，帮她盛饭盛汤夹菜，就差直接喂她了。

阮禾哭笑不得，但心里也不是一点儿都不感动的。同时她也不能否认和柯西还有蓝鸢相处的时光是很快乐的，这两位真的有些像那种配合默契的喜剧演员，总是一唱一搭，笑料不断。阮禾感觉得出柯西和蓝鸢是真的拿对方当亲兄弟一样对待，他们之间那种友爱的气场也让阮禾觉得温暖。

因为差不多是变相被父母遗弃了，所以阮禾从初中开始就没有交过真正的知交好友，因为自卑，也是因为内心缺乏安全感吧。

她从没向任何同学提及过她家里的真实情况，阮禾以为她会一直坚持这么做，实在忍不下去的时候她宁可找个树洞谈谈心，也不要告诉任何人，因为树洞至少不会认为她在示弱。

可是一天一起吃晚饭的时候，蓝莺无意提及："其实我和柯西最凄凉了，都是从小没妈的。"

阮禾想也没想就接下去说："会比我更凄凉吗？我连爸爸都没有。"

就好像树洞里的秘密被释放出来了一样，阮禾无法控制地将这些年的辛酸一股脑儿全部倒了出来。父母离异后都不要她，两边家族里都没有人出来说话，于是阮禾在十三岁这年就光荣"被自立"了，大家似乎都认为这么大了自己照顾自己完全没有问题，只要爹妈记得按时给钱就好了。什么儿童保护组织，美剧看多了吧。

阮禾知道自己是被彻底放弃了，她也知道旁人都在心安理得地等着她变坏、变得无可救药，但是她偏不。她努力当个好学生，努力学着自己照顾自己。

"一点儿都不吹牛地说，我会做的菜，都能编成一本菜谱了。"

听得怔怔的柯西和蓝莺这才勉强笑起来。

柯西说："这倒是真的，阮禾做菜很好吃。"

蓝莺说："好吧，阮禾你赢了。不过女孩子再倒霉，也是灰姑娘，未来依旧充满希望。"

阮禾忍不住呛声："你是准备来拯救我，给我希望吗？"

蓝莺张张嘴刚要说什么，柯西已经说道："我来拯救你。"他那种认真到极点的样子，让蓝莺和阮禾脸上的笑容都消失了。

8

天气渐渐热起来，阮禾穿上了短袖的T恤，露出细细的胳膊，蓝莺一望见眼睛就放出光来。

这货真是色得毫无忌惮，而最可恶的是，竟然并不让人觉得讨厌。至少阮禾不觉得，她甚至觉得自己像受到了某种礼赞一样，阮禾简直要鄙视自己了。

这天只有蓝鸢和阮禾两个人一起去吃饭，柯西回家了，因为父亲从国外回来了。

"你知道吗，柯西简直就是拴在他爸裤腰带上的乖儿子。"蓝鸢取笑道。

阮禾回想着白发主人温和慈爱的样子，她要是有这么好的爸爸，她肯定也成天围着他打转。"孝顺是多么美好的品德。"

"柯西真的特别孝顺，不过他爸对他也好，他妈是难产死的，所以一直都是他爸既当爹又当妈地一手养大他的。"

阮禾是第一次得知柯西妈妈的死因，"唉，科技都这么发达了，可还是有女人过不了生产这一关。"阮禾停了停想问，蓝鸢那你妈妈呢？她怎么了？为什么也不陪在你身边。可是蓝鸢已经接下去说道：

"柯西喜欢你，你知道吗？"

她有点儿知道吧，上回一箱子一箱子给她送零食。"消受不起，太大少爷了。"阮禾总觉得柯西至今仍旧是拿她当个小保姆看待的，真是一日小保姆终身小保姆。

"你在说什么呀？"蓝鸢失笑，"柯西是我这辈子见过的脾气最好的怂包了。真的是那种你往他脸上吐一口吐沫，他都不会用手擦的，直接等它干掉的人。"

呃，他们是在说同一个人么？阮禾把去年冬天在白发主人家打工时柯西种种恶劣的表现讲给蓝鸢听。

"哈，这小子！"蓝鸢听得直笑。"阮禾，问你个问题。"

"什么？"

"你小时候被同班的小男孩揪过辫子吗？"

阮禾回忆了一下，可能是有的。

"那你总该知道揪你辫子的小男孩儿其实是喜欢你的吧。"

阮禾愣了一下才明白蓝鸢的言下之意。柯西之前在她面前表现得那么恶劣不过因为他喜欢她。搞了半天，原来她阮禾这辈子也有被人一见钟情的时候，阮禾有点儿不好意思，故意问蓝鸢，"你小时候肯定经常揪小女孩儿的辫子。"

"才怪！那么多人追我，我躲得来不及。"蓝鸢眼珠子向上一翻，无比傲娇地说。

天，他还能再自恋点吗？

同宿舍的女孩子约阮禾一起逛街，过去这种活动阮禾一般是不参加的，她对购物一向兴趣不大，淘宝几十元一件的衣服在她看来已经很好。

"好呀。"阮禾竟答应下来。

阮禾心里一直停留着蓝鸢的那道目光，照理说那种带着小色的目光是很不礼貌的，可是不知为什么阮禾就是很喜欢。

最后阮禾咬咬牙选定了一条接近千元的连衣裙，舍友在一旁打趣："哇，阮禾终于开窍了，知道要打扮了。"

另一位舍友接着说："对了，我们一直很困惑，蓝鸢和柯西这两个到底哪个才是你男朋友？"

"都帅得惨绝人寰的，阮禾要不你全部拿下吧！"

阮禾的脸涨得通红，拼命解释："他们都是我的朋友。朋友！"

可是不是有句被说烂的老话，男人和女人之间怎么可能有真正的友谊？

晚上阮禾睡不着，眼前一会儿闪过蓝鸢的脸，一会儿闪过柯西的脸，就这么闪来闪去闪了很长时间，阮禾忽然想到，不管是蓝鸢也好柯西也好，他们都没亲口对她说过喜欢她呀。之前柯西虽然疯狂送过她礼物，但他也没有明确说过"阮禾我喜欢你"这样的话。所以，她自寻烦恼个什么劲儿呢？

柯西打电话告诉蓝鸢下午送完父亲的飞机他就能回校，还约好晚上三个人一起去吃火锅。

蓝鸢订好了位子，和阮禾一起先去火锅店等着。店里空调打得很足，完全感受不到夏日的炎炎燥热。

"其实大夏天吃火锅什么的最过瘾了。你知道吗，其实夏天人的肠胃反而是凉的，所以不适宜吃冰激凌喝冰水，吃火锅反而最相宜。"蓝鸢这样和阮禾闲聊着。

阮禾扯起嘴角笑了笑，她今晚可是特意穿上了新买的裙子，可是蓝鸢并没有特别夸奖什么。阮禾开始怀疑昨天蓝鸢看她的那个眼神根本是她想象出来的。

阮禾心里莫名涌出一种酸涩的感觉。

柯西发短信来说堵了车，要晚到，让蓝鸢和阮禾先开动，蓝鸢很讲义气地继续等待，而阮禾因为昨晚没睡好的缘故并没有什么胃口，等得时间久了，阮禾竟然在火锅店这么嘈杂的地方打起瞌睡来了。

等到她的额头砰地撞上桌面惊醒过来时，阮禾发现原本坐在她对面的蓝鸢不知何时坐到了她的身侧。

"我喜欢你，阮禾。"

阮禾用力眨了一下眼睛，她分辨不出那是梦境里她想象出来的声音，还是刚刚蓝鸢真的说了这句话。"你、你说什么？"阮禾鼓起勇气追问。

本来脸上挂着很认真的表情的蓝鸢忽然又嬉皮笑脸起来，"我说今天天气好热呀。"

就在这时，柯西推门走进来，他一看见阮禾和蓝鸢脸上就像放出光一般绽放了微笑。

阮禾第一次察觉，柯西笑起来是这么美好。像雪地里可爱的雪人忽然活了一样。

10

为了搭配那条昂贵的裙子，阮禾不得不又买了一双凉鞋，然后为了更好地搭配裙子和凉鞋，她只好再买一个新的包包。长大这么大她才明白，原来打扮是这么烧钱的一件事。

新买的包包有很好的皮质，色泽柔哑，让人看见就忍不住想伸手摸摸看。和柯西一起走在路上的阮禾感觉到包包被人轻轻拽了一下。

"喂，你！"阮禾还没感觉到什么，柯西已经叫了起来。

看上去只有十来岁的男孩子飞快地跑开了。

"快看下有没有少了什么。"柯西提醒道。

阮禾把皮包里的东西一样样取出来，手机钱包面巾纸……她拿出一样，柯西就接过去一样，太阳伞、防晒霜、存折本，柯西接过这个暗红色的小本本时忍不住笑起来，"你还有这么古老的东西呀。"他觉得好玩地翻开来看了看，然后被上面的数字吓到了。"你不要告诉我你已经攒了这么多钱了。"其实到现在为止，柯西都以为阮禾的家境比较贫寒。

"上次不是告诉你我爹妈都拿我当储钱罐那样给我塞钱吗？我就咬牙切齿把它们全部攒起来，我希望有一天能攒到好大一笔钱，然后去银行提出现金，再找到我爹妈，把那些钱一沓一沓全部砸到他们脸上去。"阮禾用听上去是开玩笑的口吻说，"东西没有少，我们走吧。"

柯西想起那次他气急了曾用钱砸过阮禾，心里忽然无比地难过。"我们去提钱。"

"什么？"

"去砸你爸妈。"

"啊？"阮禾诧异望着柯西，他听不出来她只是说着好玩吗，这么匪夷所思大脑短路的事他也肯陪她去干？

"阮禾，我喜欢你。很喜欢。"柯西一鼓作气说。

"什么？"阮禾眨眨眼睛，街上人来人往，那么多嘈杂的声音，她想她可能听错了，柯西接下来应该也会像蓝鸢那样说，我说今天天气好热呀。

"我喜欢你，阮禾，就是那次我回到家一打开家门看到穿着围裙的你，我就喜欢上了你。"柯西说，他每一个字都说得很明确。

世界上不会有人能理解阮禾此刻的心情，其实她比那些在美满家庭中成长的一直享有父母宠爱的孩子更加渴望真正的爱情的发生。她太需要有人郑重其事地对她说他喜欢她，就好像说一个充满魔力的咒语，驱散她过去的不幸。

这些日子和蓝鸢柯西的相处，虽然她常常没出息地迷失在蓝鸢的不可思议的俊美中，但吃饭时柯西总会把最好吃的部分先夹给她，一起走路时他总会走在她的外侧，比如眼下，这样的细节阮禾也并非没有察觉到。

阮禾不能否认，柯西对待她的方式，令她想起了一个词语，呵护。

他真的是个特别好的男孩子，就像白发主人那样，温柔和善。

蓝鸢呢，他今天没来，是因为约会了别的女孩儿吧?

爱我的人和我爱的人，也许每个女孩子这辈子都要经历一次这样的选择。

"我也喜欢你，柯西。"阮禾说。

尾　声

蓝鸢、柯西、阮禾的三人小组终于解散，以后经常成双成对出现在校园里的是柯西和阮禾。蓝鸢还是顶着不太好的名声，一会儿追逐这个美女，一会儿又追逐另外一个。

蓝鸢的妈妈是个大美女，同时也是很多人眼中的传奇，大山里出来的女孩子，嫁给蓝鸢的爸爸后进入有钱人的圈子，然后她就开始了一再的改嫁，至今为止，她已嫁了四次，一次嫁得比一次成功。

蓝鸢小时候去找过她，她却并没有满怀愧疚地说，孩子我对不起你。她只是不耐烦地问，你要多少钱。显然在她看来，世间任何感情都可以被兑换为金钱。

蓝鸢变成了一个怒气冲冲的孩子，学校里的同学都讨厌他，只有柯西不。那时的柯西是个小可怜，身体非常糟糕的他甚至没办法正常行走，腿上绑着铁支架，走路要依靠双拐，虽然老师一再警告不许别的孩子欺负柯西，但还是有人叫柯西机器人、残废，直到蓝鸢开始成为柯西的保护神，胆敢骂柯西的人都被蓝鸢揍得很惨。

同样没有母亲的两个男孩子就这样相互扶持着长大了。

在柯西心目中，蓝鸢是他最好的朋友，是能为他豁出命去的好兄弟。而在蓝鸢心目中，柯西并不止于此。小时候他就隐隐约约有个念头，如果他能好好保护柯西，他就能修复他心中被损坏的部分。

骄傲的蓝鸢，他是绝对不会自己同情自己的。所以，他把所有的同情都给了柯西。

那天在火锅店阮禾摇着头打瞌睡的样子那么可爱，其实一直以来，蓝鸢都被阮禾的性格吸引，和他那个下定决心要一辈子做寄生虫从别人身上赚取好处的妈妈相比，阮禾恰好是另一个极端，哪怕全世界的人都抛弃了她，她还是会咬牙依靠自己的力量活下去。

蓝鸢忍不住坐到阮禾旁边，轻轻说了一句："我喜欢你阮禾。"

可是他知道柯西也是喜欢阮禾的，并且在他之先，所以在阮禾追问他时，他只能说："我说今天天气好热呀。"

风从海上来

终于听到我心心念念了无数遍的名字。

我是那样羡慕着她，能够大声喊出对江宁的心声。

我听见齐宸低低的声音，"如果我是浪花就好了，潮涨潮落是自然的物理现象，也许就不会有那么多欣喜和悲凉。"

而她不知道，此刻的我，多想成为她。

臻　溪

于丽蓉

2008年8月：王荆溪，我从来不放弃任何事。

操场。挥汗如雨。

初入初中，我的中学生活竟以在开学前提前来操场上卖力地跳三级跳为序幕盛大上演了。不得不承认寿光这座小城有一轮任性而固执的太阳，年年的八月撅着小嘴看着等着我们这些苦命的体育生低头告饶。

"希望你每天都快乐，甄臻，I love you。"一个明朗的声音在身后响起，一段深情款款的独白像一把沙果洒进水晶盘，没有大的声响，却发出让人畅然的撞击声。

我猛然回头。

"欸？这是你的校牌吧——甄臻，蛮可爱的名字。"依然让人心情大好的声音，一个汗水在阳光下泛着光亮的男生把一片冰冰凉凉的东西塞进我手里，有点尴尬地转身往操场的另一头走去。

我低下头——原来他刚才捡到了我这个马大哈的校牌，而刚才那一段让我怦然的"告白"只不过是我恰巧挂着的姓名和吊坠组成的毫无意义的一段话。

"呼"刚想松一口气的我还没有来得及把饭卡收好，那个清澈的声音又响起来："甄臻，我叫王荆溪，是跨栏队的！"说完头也不回地往自己的训练场地跑去。

大意如我，竟从来没想过为何他穿越半个操场恰巧出现在并非跨栏训练区域的沙坑一旁。

"王荆溪，跨栏。"我默默重复了他的话，仿佛他在耳畔把这几个字又重复了一遍。

毒辣的日光把大家机警的潜质都激发了出来，教练只要一刻离开操场，大家就作鸟兽散般冲向阴凉的地方，离开了焦灼的人间一般目光涣散地喝水、喝水、再喝水。我却因为今天的训练状态不佳而一次一次地跳不出理想的距离，咬着牙在大太阳里不停地跟沙坑作对。

又一次起跳角度没有把控好，我一头扎进沙坑里，登时嘴里鼻子里头发里都塞满了沙子。

"不会跳就歇着吧！"是刚刚那个在脑海中翻涌了几遍的声音，这听似奚落的叫喊，在很多年后的某一天，被他诚恳地澄清："甄臻，我那时每次跑圈路过你的训练区域都在想这个丫头干吗傻得不知休息，在这样的太阳里犯倔非要中暑了不可。"

我狼狈地抬起已经无法分辨五官的脸，模糊地看到一个黑亮的身影第N次路过沙坑，继续不知疲倦地向前跑去，心里不禁念叨：还说我，自己不也是不肯休息的犟驴。

我抹抹满脸的沙，才看清面前的整个操场中已经只剩我们两个还在训练，其余的队友已经都跑去树荫里喝水歇息。

手掌上又被沙砾划出了几个伤口，估计脸上也又是一片狼藉了，我无奈地吹一吹手上的血道儿，埋怨着自己为何这么努力地训练三级跳可成绩还是队里的倒数。

"甄臻，你或许去跨栏的队里……成绩会更好。"教练的声音在耳后响起。

我蓦地呆住了：原来我失败地跳了这几次，教练已经都看到了。他的话分明就是在婉转地劝我离开三级跳的队伍。虽然我的成绩足以把我送进这个学校，但严苛的教练绝不允许一个没有潜力的队员继续在三级跳的队伍里训练。

"如，如果跨栏也不适合我呢？"我几乎机械地问出这个问题，我知道教练并不是看出了我在跨栏上有所造诣，而是在寻找一个机会送我离开体育队。一旦离开体育，我就会失去在这所重点中学借读的资格。我感到害怕。

教练什么也没说，只是冲我指了指操场那端的栏。

我忘了自己是怎么穿越操场走到那些栏架前，只是记得我不知所措地站定时，王荆溪站在了我的身后："别气馁，别放弃。"

我咬了咬牙，硬是把拱到眼眶的眼泪咽了回去："王荆溪，我从来不放弃任何事。"

2009年8月：你教会我要坚持。

或许我应该感谢教练为放弃我而做的决定，若不是他送我到栏前，我也无法在一年后的今天拿下100米栏的冠军。无数次地起跑、跨栏、冲刺，烈日骄阳还是滴水成冰从来不能成为偷懒的理由，"坚持"已经在每次脚落地的响声中刻在了我的骨头上融进了我的血液里。

我不可能忘记在我被否认时站在我背后的王荆溪，一年的一起训练已经让我们成了死党，他的鼓励和帮助让我从茫然无助里以最迅速的姿态站起来。

"王荆溪，马上该你上场了啊——"我激动地递上水，从指间一直颤抖到头发尖。

他一副"哥懒得理你"的表情，头也不抬："我上场，你怎么比我还激动。"

"哼，担心你丢队里的脸。"我潇洒地把刚递上的水拧开喝了一大口。

"不跑冠军，哥就不回来见你了！"说罢潇洒地往检录处走去，路上故意走得跌跌撞撞摇摇晃晃。我瘪瘪嘴，为什么这个家伙在大多数情况下都这么不靠谱呢。

"各就位，预备——"

"啪！"发令枪的声音依旧那么令人振奋，王荆溪一个蹬地，一个跨步已经显示出了他卓越的天赋，每当看他目光坚毅地往终点跑去，我总会觉得自己听到了风的声音。

"咔吧"一声，全场的目光都凝聚在了个那个倒下的栏架上，我瞬间屏住了呼吸——一路领先的王荆溪一个趔趄倒在了栏上，然后抱着脚踝痛苦地翻滚着。

现场响起了一片唏嘘，大家都清楚他的失误就这样拱手送走了冠军的宝座。

可我知道那并不是一个失误，他上场前踽踽而行的样子突然从脑海中浮现：这个二百五分明是受伤了！却还不知好歹地瞒了病情上场比赛。

我不顾一切地冲过去，他浮肿得已几乎穿不下钉子鞋的脚印证了我刚才的猜测："啊？王荆溪，你是不是要争当楷模啊，脚都肿成馒头了还要来跑跨栏，你别给队里丢人了行不行？！"

"甄臻，你教会我要坚持。"

我不再记得那天他一瘸一拐走向终点的背影，只是记得说这句话的眼神与我每天清晨面对镜子鼓励自己时的眼神，一模一样。

2010年12月：感谢你，什么都没有说。

没有考入同一所高中的失落感撕扯了我整个暑假后，高中生活还是紧锣密鼓地到来了。我如往常每天下午在操场挥汗如雨，只是身旁没了王荆溪的贫嘴和鼓励。跨栏为我带来了进入重点高中的机会和一个可以搏一下的未来。鲜有他的电话和短信再来，繁重的课业和紧张的训练几乎填补了他曾经占有的那一片晴朗的天空。

一切都只是我以为。

自习课如往常一般只有翻书声和写字声证明教室里拥挤着近七十名学生，我看着冗长的文言文拼死往脑子里记着古义今义。

手机突然震动了，整张桌子都在震，整颗心都在震。我突然紧张起来，不知为何这个电话让我手忙脚乱。我像是猜到了打来电话的人，又不敢拿出手机来确认。

他的声音突然浮现出来，竟如昨日般清醒，我才知道这个在我的青春里张扬了三年的人从来没有因为学校的距离而后退哪怕一点点。

还好你还记得我，王荆溪，你的一个电话让我好想哭。

"甄臻，你来帮帮我吧，车子坏了。"即使是遇到了难事他的声音还是这么不紧不忙，不慌不乱。

"嗯。"我感到自己要去见一个分开了一个世纪的朋友，又像是要去见一个早上才刚刚说过早安的朋友。

我记起他的声音多么清澈明朗，我记起他在操场上不知疲倦，我记起他在我最初学跨栏时候边嘲笑边指导，我记起他鼓励我一定要考上重点高中……我还记起一次路过他家时他指着那片花海：甄臻，那是我家的花田。

从来没说过你每一次说话都给我一种繁花盛开的感觉，从来没说过你有鲜花的味道，从来没说过认识你就像我在梦幻般的繁花小镇，走了一遭。

想起他，竟有种脸上燃烧起来的感觉。

"欸？不是在电话里说车子坏了吗？"看到毫无故障的他和毫无故障的电动车，黑线顿时爬满我的脸。

"我，我已经修好了。"他有些支支吾吾。

"哦。"不知怎么接话的我作势要走。

"等一下，"他着急地上来拉住我，"我不再跨栏了。"

"太累不想坚持了？"我感到有些意外，放弃，不像他的风格。

"怎么会，你已经教给了我'坚持'的力量，我不会丢弃它的。只是念完高中我就要去澳洲留学了，然后移民……"

"我会继续跨栏的，不只是为了高考，更是因为我爱这项运动。"我承认我的话有些置气。

"我第一次认识你时，就是被你坚毅的眼神吸引的。想过去问你的名字，却幸运地捡到了你的校牌。"他突然转变了话题，眼神飘忽了起来。

我的心提到了嗓子眼。我怕他把我迫切地想听却又不该在这时听到的话讲出来。

"还是把你校牌上的话再送给你吧，希望你每天都快乐，甄臻……"他顿了一下，"希望你每天都快乐。"

说完他转身离开了。在转身的瞬间，我看到他眼神里的隐忍，比那种他眼中时常闪现的坚毅，更加迷人。

王荆溪，我想直到很多年后的今天我都会想在你说完最后一句话后松一口气，想在你离开前说一句：感谢你，什么都没有说。

王荆溪，澳洲是否还有那么迷人的花海；是否还有一个女孩儿在她懵懂的年代里，路过你的繁花小镇。

风从海上来

洪夜宸

1

王雨婷手上正捧着那本流传千古的《白蛇传》和我激烈地探讨着关于爱的生死抉择。

她爱极了生在江南水乡温婉迷人的白娘子，而我正迷恋着最近湖南卫视在播的新剧《追鱼传奇》，觉得鲤鱼精红绫活泼伶俐又可爱。

要知道拥有不同女神的两个女生很有可能瞬间变身为深宫怨妇，两个信仰不同的深宫怨妇说不准下一秒就掐死了对方。

"齐宸你翻白眼的样子像极了一条死鱼。"

"王雨婷，你今天吃生姜又忘记漱口了吧！"

"啊！齐宸你居然在自己的水里下毒！"呵呵，习惯顺手牵羊开我保温杯的她这次可没那么好受了，不知道白开水混两勺盐是个什么滋味。

在我终于忍不住捂嘴偷笑时，王雨婷正用"最毒妇人心"的眼神生硬地凌迟着我。

"看吧，我就说小鲤鱼红绫最可爱了，为爱被剥龙筋弃龙身抽脑髓（鲤鱼精跃过龙门之后就成了龙），多么伟大的献身精神！"

"但是龙太子英俊潇洒哪里不比穷酸书生好啊？"

"倒也是。他俩若真在一起了红绫就不必遭受痛苦的折磨了，整个渔村的百姓也不会遭殃。"

于是，两个刚刚还吵得恨不得掐死对方的小女人霎时间变成了千年密友。

"齐宸，扪心自问，如果你是红绫，江宁是那个柔弱书生，你会选择放弃张珍而和英俊痴情的龙太子在一起吗？"

这个问题的本质不过是问我会选择我爱的人还是爱我的人。

我几乎不必思考，答案已经显而易见。

若真是为了江宁，我一定会毫不犹豫，哪怕我知道他不会选我。

感情是个很奇怪的东西，发生在别人身上时永远异常理智，等真正降临到自己头上，大家都乱得一塌糊涂，只愿意遵从自个儿的心。

2

只要想到江宁，我的笑脸一下就垮下来。

事情似乎要追溯到不久前某个周六的早晨，江宁一个电话让我从睡梦中惊醒，他约我去新华书店还真是让我有点儿受宠若惊。

于是我迷糊之中下意识地问："江宁？你是不是打错电话了？我是齐宸。"为了避免听错我特意按下免提，电话听筒传来了江宁温和的声音，"我知道你是齐宸啊，听你的声音是不是还没起来啊，那就不打扰你睡觉啦。"

电话那边传来汽车的鸣笛声，错乱之中我好像听到一个好听的女声，我想那大概是路人。

我一个鲤鱼打挺从床上蹦起来，"不打扰不打扰，我这就去！"边穿衣服边给王雨婷打电话，我想此刻我的声音一定特别嘚瑟，"啊！王雨婷你知道吗，江宁约我去新华书店耶！这是约会耶！"

"等着我，老娘倒是要看看你终日挂在嘴边的男神到底有多可歌可泣！"王雨婷冷嘲热讽。

可是我一点儿也不在意，此刻我心里只想着江宁。"来吧来吧，本小姐心情大好，就让你见识一下真正的男神。"

新华书店门口，王雨婷目瞪口呆地看着格子褂的江宁和他身边依偎着的小女友，微笑着向我投来一个讶异又嘲弄的眼神。

瞧瞧你自己齐宸，你是有多可笑。

带女朋友和好哥们儿逛新华书店。此刻我的表情一定变幻莫测十分精彩，可是我怎么也理不清这层关系。

我很怀疑江宁那缜密的思维是怎么产生这个异于常人的想法的，我和王雨婷像极了两只闪着五百瓦光亮的电灯泡。

一路上江宁搂着她的女朋友说说笑笑有聊不完的话题，我和王雨婷跟在他们身后五米处像是路人甲乙。

坐上电梯江宁和她的女朋友上了二楼直奔科学探索的领域，我一直死死拽着王雨婷的手臂，没心情去看那两个人的表情，拐了个弯继续上三楼。

我多么庆幸自己把王雨婷找来，不然两女争一男这个场面会有多么壮烈。

科学探索？想到江宁前些天给我的那本《时间简史》，似乎明白了，只是我一直很努力地看那本书却还是云里雾里。

本身就没有兴趣又怎么可能看得进去，可如果没有共同爱好没有话题我和他又怎么可能在一起。

拉着王雨婷径直走向三楼的文学天地，王雨婷为我默哀了三分钟后，有些幸灾乐祸地说道："没准儿今天是江宁的女朋友故意让你看他俩秀恩爱的，目的就是让你死心。"

我的眼神越过王雨婷，看见江宁温柔看向他女朋友的侧脸，想起第一次在海边遇见江宁的夏天，他给我的也是这样一个侧脸。

只是那天他没看见在一旁默不作声的我，他的目光给了一朵跳上他指尖的浪花。

那天的江宁穿着深褐色的大衣，皱着眉头轻轻地叹息，一朵浪花跳上他的指尖，我听见自己心动的声音。那一刻我多想做一朵浪花，君在岸边笑，我任君采撷。

我拉着王雨婷，"走，我们去海边。"

王雨婷似乎从未见过我这般认真忧伤的脸，第一次没骂我神经病，乖乖跟在后面。

碧蓝的波涛在风里逐渐苏醒。

宁静，温和，风平浪静；奔腾，汹涌，雷霆万钧。

这一刻我才知道，我和江宁的交点在第一次见面的时候就被定格，他留给我的终究只是侧脸。

3

我是浪花，我是潮水。

我一直在渴望着一份惊天动地的爱情。

直到那天，我远远地望见一个站在岸边的少年。

他直直地伫立在那儿，背影挺拔又孤单。

于是，在海风刮来时，我挤破脑袋地努力，终于跳上少年冰冷的指尖。

我怎么能忘记他脸上那一瞬间积雪消融般的温柔。

这个叫江宁的少年，初相遇。

我怎么也忘不掉在他指尖触及的冰冷，忘不了他温暖的表情。

我以为我快疯了，沙滩却说这才是爱上一个人的感觉，一天见不到他就日思夜想，没有他的日子度日如年，想到他时难以入眠。

我的两只大眼睛周围出现了好大的黑眼圈。

那么，我想他，是因为，我爱上他了。

我是浪花，我是潮水。

身旁一朵帅气的浪花向我提亲了，他说我会永远永远照顾你爱护你保护你。

他说得我几乎快要感动了，可是我狠下心告诉他，我在等一个叫江宁的少年。

江宁，江宁，你在哪儿？

我在想你，你能感觉到吗？我有好多好多心里话想对你说。

我多想大声告诉你，可是我不会说话，也不会神龙摆尾。

我只好张嘴，等到某一天朝阳徐徐升起时，当你站在岸边，我会努力去够你冰冷的指尖。

你记得低下头，看清我的口型，那是我在用朝阳赐予我的勇气，告诉你：江宁，我爱你！

4

我再也没有机会见到江宁。

直到那个叫齐宸的女孩子到来，让我眼前一亮，我在她身上看见自己爱人的影子。

"江宁，我爱你！"她和另一个女孩儿站在岸边，像是每一个向我们倾诉衷肠的少女般歇斯底里。

终于听到我心心念念了无数遍的名字。

我是那样羡慕着她，能够大声喊出对江宁的心声。

我听见齐宸低低的声音，"如果我是浪花就好了，潮涨潮落是自然的物理现象，也许就不会有那么多欣喜和悲凉。"

而她不知道，此刻的我，多想成为她。

曾有天使翩跹

林 文

1

你会不会在夜深人静的时候，想起一个人，想到泪流满面，想到辗转难眠。

那不是我的爱情，却是我永远的遗憾。

曾经有个男孩子，那样地对我好过，我却没有珍惜。

那个书包是那个叫苏飞的男生留下的，里面永远装着一包苏菲。

2

苏飞是在一个暑假结束之后，毫无征兆地空降到我们班的。苏飞刚到我们班那阵子，确实引起了一些小的轰动，此后则就反响平平了。而引起轰动的原因不外乎就是我们学校教导主任是他的舅舅，所以大家猜测他能够在高三这么关键的时候转到我们这个优秀班，必定是走了后门。

在学校这个封闭的象牙塔中，小小的裙带关系背后隐藏的秘密就已经足够掀起波澜。因为教导主任的原因，同学们多少会对苏飞抱有敌意。再加上班主任时不时地推波助澜，他总是试图不着痕迹地拍着苏飞的马屁，给予他各种各样有形无形的好处，这些更增添了同学们对于苏飞的嫉妒和鄙视。

所以，苏飞一到我们班就被大家孤立了。

男生们没有人愿意和他分享一本汽车杂志，女生们则在他一靠近时就故意夸张得大叫，表情仿佛看到了千年不死的蟑螂。当然，大家打击他的最一致的方式便是大声叫他的名字，因为和某个女性用品同名，苏飞的名字成了大家取笑他的最强武器。

在课间休息时，往往会听到有无聊的男生在窗外冲着教室里大叫："×××，你的苏菲掉了！"彼时，大家会一起转头，不无恶意地看着面红耳赤的苏飞。

青春期的男孩儿女孩儿总是不知收敛，他们带着对未知的迷茫，带着青春的躁动，试图通过任何的渠道去宣泄自己，苏飞成了他们最好的选择。

最一开始，苏飞会很生气地出去找欺负他的人理论，或是找到班主任告状。但是当某个被抓的男生遭到班主任的教训之后，苏飞沉默了。任走廊里叫喊"苏菲"的人声音再响，他也只是捂住耳朵趴在桌上，什么话也不说。等男生们的兴头过了，或者等上课的铃声响起。

在很久之后，我和苏飞成了好朋友之时，曾问过他，为什么不把自己的名字改一改。他笑了笑，才告诉我，他其实并不姓苏，本来姓齐，叫齐飞。因为爸妈离婚，他被判给了妈妈，所以才跟着妈妈姓苏的。妈妈曾想过给他改名，可是飞是爸爸为他取的，他舍不得，哭着央求妈妈，才保留了下来。

3

我和苏飞熟识是个偶然。

苏飞来到我们班第一个月，饱受欺负。班主任虽然不清楚内情，但也能感受到同学们对苏飞的排斥。为了能向教导主任有个交代，也是为了苏飞的学习，班主任将他调成我的同桌。

那天，班主任把我叫到办公室，发表了一连串的长篇大论，而其核心却只是交代我要好好照顾苏飞，包括他的生活和学习。班主任伪善的脸让我恶心，正对着我的大嘴不断喷射着白沫，我感到一阵阵的眩晕，扶着办公桌的手都在打战。

班主任终于要结束对话："林让，你是班长，希望你能起带头作用，好好帮助苏飞同学。"

我礼貌点头，脸上带着假笑。

次日一早，苏飞把书搬到了我的邻桌，我碍于班长的身份和班主任的注视，装模作样地帮他整理课桌。想不到他还收藏了那么多的杂志，汽车的，篮球明星的，竟然有几本还是股市分析的。我故作热情地帮他把杂志整齐地码好放进桌洞，细心地掏出纸巾为他擦拭课桌。

一切完毕后，苏飞红着脸对我说："谢谢！"

我一时有些尴尬，并非出于真心帮助，收到的这声感谢倒像是讽刺，我讪讪地说了声不客气。转头接着做自己已经奋斗半小时的数学题。

下课的时候，苏飞出去了，我以为他是去上卫生间了，谁知他回来的时候竟递给我一块德芙巧克力。

我扭头看着他，不明其意。

他脸刷的一下红起来，出口的话也变得结巴起来，"就当是……我谢谢你！"

我明白他的意思，却还是冷笑地把巧克力还给了他，"不用客气了，同桌帮忙是应当的，再说我还是班长呢！"

"我……"苏飞似乎还想再说什么，可是见我早已转头去做题了，只好有些尴尬地收回了巧克力，重新趴在桌上沉默。

4

不知是不是我的拒绝太过直白，严重打击了他的热情。自从那次之后，他便再也不主动找我说话。当然我也没主动和他说过什么，其实也是没机会，巨大的课业压力压得我们都喘不上气。上课要认真听讲，下课要赶紧复习，课后还要做大量的习题作业，哪里有机会和身边的人谈心沟通。

和苏飞同桌的第一个礼拜，我们俩除了第一天外，竟然一句话都没说。

后来，苏飞告诉我，那时候，他其实每天都想和我说说话，聊聊天。可是每次看我一进教室就是一张扑克牌的脸，吓得动都不敢乱动，哪里还敢说话。

真正和苏飞成为朋友却是因为我的一次意外。

由于高考的原因，我们学校在高三取消了体育课，唯一的课外锻炼便是在上午大课间的时候，全体高三学生在运动场进行2000米长跑。

因为长期缺乏锻炼，课间的长跑便成了每一个高三学生的噩梦。我们总是极尽可能地寻找各种理由逃避，而女生最常用的便是生理期。那时候，每到生理期至，女生们总是欢呼雀跃，不用长跑的轻松压过了生理期带来的不适，心情都觉得轻松了不少。

那个月也不知道怎么的，生理期本已经来过了，我也因此请过假了。可是那天早晨，它却意外又来了。去运动场之前，我忍着腹痛和班主任请假。班主任推了推眼镜，眯着眼睛笑着看我。

"林让，你是班长，可不应该带头说谎。"

"你这个月已经请过假了，怎么还请假？老师虽然是个男的，但也知道，女生的生理期一个月只来一次的！"

"你还是乖乖去跑步吧！年轻人，还是得多锻炼。"

不出意外地被否决了请假的要求，我煞白着脸，捂着肚子忍痛走出办公室，迎面看见刚走出教室的苏飞，没好气地斜了他一眼，转身愤愤而去。

肚子疼得难受，跟着乱哄哄的人群在运动场慢跑。虽然已经是十月份了，可是正午的太阳依旧晒得很，加上我因为怕冷早晨是穿着毛衣出门。现在，衣服裹在身上，出了一身的汗，头也越来越晕。忽然，眼前一黑，一个趔趄栽倒在地上。

周围的同学忙不迭地扶我起来，几个同学商量着要送我去医务室。我昏沉沉地被几个女生扶着往前走，苏飞忽然从斜刺里冲出来，二话不说，一把抓起我的胳膊，把我背到身后，大踏步朝医务室跑去。

脑袋昏昏沉沉的，不留意被他背起，身上却连一丝挣扎的力气也没有。他抓得很紧，我被他抓得生疼。想要开口说些什么，喉咙却像是被人灌了沙子一般，一句话都讲不出。

苏飞把我背到医务室，校医仔细检查过，又问了些日常饮食，断定我是长期饮食不善造成的营养不良，再加上痛经和感冒，所以才会晕倒。开了一些药，校医坚持一定要我打点滴。我拗不过，只好听话。

打点滴之前，我请求去厕所一趟：卫生巾必须要换了。翻了一下口袋，我不由地哀号，竟然忘了带卫生巾在身上！想要回去拿，校医却不放人。正在着急中，苏飞呼哧呼哧地从外边跑进来，面上涨红，胸口剧烈起伏。

"嗯，我想，你大概需要这个。"苏飞脸色红得异常，神情局促地把手中的书包递给我。

"这是什么？"我接过书包，打开一看，里面一本书都没有，却有一包没开包装的苏菲。我诧异地看着他，表情玩味地看着他。一个男生书包里装着这个干吗？莫不是买来收藏？

苏飞被我看着尴尬极了，脑袋几乎要垂到地板上，口中嗫嚅道："我妈妈……总是用，我是给她准备的。"

他低声解释完，紧张地抬头看我。时间紧急，我来不及去想他的话是真是假了，拎着他的书包就飞奔去了厕所。

打完点滴已经是下午了，其间有几个女同学来看我。我托她们带了一包卫生巾过来，下午的时候，苏飞来了，我把书包还给了他。

"嗯，上午谢谢你了！"不管怎样，苏飞帮了我，于情于理，我都该好好感谢他。

苏飞依旧脸红，拎着自己的书包局促不安。

"那个，你不会以为我是变态吧？"

我一愣，随即明白了，他是在说那包苏菲的事。既然他提起了，我不由得多问了一句，"你为什么把那个随身带着？"

苏飞忽然沉默起来，攥着书包的袋子，只身靠在墙边。我见他神情有异，想必是触到了他的什么隐私，心下有些后悔，刚想转移话题。他却忽然开了口："那个是给我妈妈准备的。"这句话我之前已经听过了，我点了点头，等待他的下文。

"我妈妈工作很忙，她要做生意，事实上，她正经营着一家公司。简单说吧，她就是宏辉药业的老总。"

苏飞的话惊了我一跳，从没听他提起过他的家庭，只知道他的舅舅是教导主任，却想不到他妈妈竟然是个大公司的老总，宏辉药业在我们那个不大不小的二线城市里可以算上是全市首富了。苏飞竟然有这样的家世，难怪我们班主任巴结得紧。

苏飞顿了顿，抬头看看我的反应，我勉强回了他一个微笑。他又继续道："从小，妈妈工作就很忙，那时候，她事业还没现在这么大，所以她都是在家里办公。总是在爸爸做饭的时候，我写作业的时候办公。因为要打拼事业，妈妈把大量的精力都投注到她的公司里，甚至连去超市买卫生巾的时间都没有，所以到了生理期的时候，总是叫我去帮她买。而她总是忘记带卫生巾，都是我定期往她的手提包里塞，同时也会在自己的书包里备上一包，以备她的不时之需。久而久之，也就成了习惯，后来她事业越来越好，这件事自然也有了秘书替她做，再也不需要我了。但是，习惯一旦养成了，再改就难了。每个月到了这个时候，我总是习惯性地买一包卫生巾放在书包里，总是希望能够再让她用到。"

苏飞讲到最后，声音愈发的低，脸上的红晕渐渐地消了，随之而来的是一种近乎透明的苍白。我竟然从没发现这个男生其实是这么面无血色，在我记忆中，似乎他永远都在脸红，却想不到在他羞怯的外表下，竟是单纯如白纸一般。

那个下午，苏飞讲了很多关于他家的事，包括他女强人的母亲和他做大学老师的斯文的父亲。我才了解到，苏飞的爸爸正是我们教导主任的大学同学，他父母的婚姻就是他的舅舅给搭的桥。苏飞谈起他们时，脸上总是挂着笑，带着温暖美好的表情。一改在学校里害羞懦弱的样子。我被他的笑容吸引，竟也一改往日冷淡，在那里同他谈了许久。

苏飞载着我回家，送我到家门口，他轻轻地停下车，踟蹰了半天，才问我，"我们以后可以做朋友吗？"

我愣了一下，回了他一个微笑："当然，我们现在就是朋友啊。"

他的脸迅速地红起来，嘴咧着笑得开心，蹦跳着跨上车子，用力蹬了几下，飞快离去了。

5

有了这个开始，我们俩的关系开始好转起来，很多时候，我们都会凑在一起说话聊天。苏飞的文科不太好，他便拜了我做师父。每天，下了晚修，我都会陪他在教室里自习，或是讲解习题，或是陪他背书。苏飞很聪明，学东西很快，我教的东西他很快就能掌握。

我时常笑着对他说："到底是名师出高徒，我林让这么聪明，教出的徒弟也不差。"

每每这时，苏飞都会取笑我自以为是。却还是恭敬地在请教我题目的时候，叫我师父。苏飞曾经开玩笑地对我说："小龙女和杨过也是女师男徒，他们最后倒成了情侣了，你说我们会不会也是这样？"

我笑着打他，"你想的美，就算我是小龙女，你也不会是杨过，你最多算个尹志平。"

苏飞闻言道："尹志平也不错啊，至少占尽了便宜。你若是让我也占占便宜，就是当尹志平我也认了。"

不用说，这句话又换了一顿打。

我没想到，我和苏飞这样有说有笑的交流竟然引起了其他同学的注意。班里不知何时有了关于我俩的流言，苏飞当日送我去医务室的情形更是被描述得不堪想象。更有甚者，有好事者将这种流言添油加醋地传达给班主任，我和苏飞都被叫去办公室谈话，当然，重点交谈的对象是我。

在经过两个小时的唾沫星子轰炸后，我终于被准许离开，苏飞则被送去了教导主任——他舅舅那里。

当天下午第一节课，班主任来教室宣布，苏飞转去了十二班，不再是我们班的同学了。

我们是七班，在三楼上课，十二班在六楼。

他们以为我们在谈恋爱，所以这么拼命地阻止我们，竟然用楼层来阻隔。

苏飞在转班的第二天就来找过我，使劲地解释他的本意不是这样的，他是被舅舅逼的。我没有听，狠狠地推开他，径直走开了。

我看不见背后苏飞受伤的表情，走得飞快，经过他的身边的时候，连看都没看他一眼。

苏飞在接连三天被我无视之后，再也没来找过我。他走了，只留下他的书包在我的桌洞，每个月的固定的几天，书包里都会被塞上一包苏菲。

高考前的一个月，学校仅有的两个保送大学的名额确定了，其中一个是我。

我喜不自胜，从心底生出一种释然，半年多的压力淤积涨得我心口发酸，它们急需得到宣泄。在和家人朋友简单庆贺之后，我突然迫切想见到苏飞。

我一路急赶去了学校，来不及和同学们打招呼，直接跑上六楼，来到十二班的门前。因为一路狂奔，再加上上楼的原因，我心跳得厉害，脸上通红滚烫的，心中的兴奋溢于言表。顾不得礼貌，我随手抓住一个刚要进教室的男生，托他去叫苏飞出来。

男生奇怪地看着我道："他走了！"

"走了？去哪儿了？"

"出国了，一个月前签证就下来了，他妈把他送美国留学去了。"

我的心一下子空了，嘴巴张着，呆呆地说不出话。良久，口中才喃喃："怎么会？怎么可能？"

男生撇了撇嘴，"我也不知道怎么回事，本来听说他舅舅，哦，就是学校的教导主任都把保送名额给他办好了，他却突然放弃了，说什么都不要保送。后来，还听说那个名额被分配一个女生了。"

血似乎一瞬间被抽干，头上袭来一阵眩晕感，四周仿佛都安静下来，我听见了自己的心跳声。扑通！扑通！

眼前闪现两天前，班主任喜笑连连的样子："林让，我把保送名额给你争取下来了，你可以不用参加高考直接上大学了。"

"名额可是老师从别人手里抢来的，本来都确定给别人了，我跟教导主任磨了好久才争取来的。"

班主任的话尽皆化为巴掌一下一下地打在我的脸上。我却感觉不到疼，只有浓烈的酸意泛出，眼泪早不知什么时候流满了面颊。

苏飞走了，我再也没得到有关苏飞的任何消息，一直到我上了大学，他都没有只语片言传回。

最终，我得到了保送的资格，而苏飞远赴异国求学。他没留下只言片语，除了那个他没来得及收回的书包。

那个书包我到现在还留着，每个月，我都会放一包苏菲在里面。

我想，曾经有天使从我生命翩跹飞去，我不曾留意，也不曾感激。但当天使离去，我才发现我的青春已被他包围得很彻底。

要绝世风光，不要半世凄凉

古藤六

妈，我们两个也挺好

我回到家的时候，你正在卧室里大哭，我猜你没想到我会回来得这么早。

家似乎很久都没有收拾了，乱成一团，沙发上堆满了衣服，地板脏得都会黏住鞋底，连你最爱的银龙你都没有去喂。我站在那个鱼缸前，两条银龙已经迫不及待地在我面前撞鱼缸了，你以前是那么喜欢它们，怎么能舍得它们饿着？

我装作没听见你的哭声一样，啪啪啪，敲着卧室的门："我和银龙都快饿死了！我们要吃饭。"

你听见我的声音似乎是吃了一惊，卧室里面沉寂了一会儿，等你打开房门的时候，除了眼睛红肿，状态还算正常。你一声不响地去了厨房，一会儿又折返回来拉开冰箱，鼓捣了一会儿，端出两碗面条，简陋得连个荷包蛋都没有。我并没有去帮忙，因为我实在不知道怎样面对你。

"什么时候走的？"我低头吃面，不去看你，长久的分居，离开已经是定局。这一趟，恐怕是他最后一次来这个家了。我努力地把面条塞进嘴里，吃得狼吞虎咽，味同嚼蜡，你通红的眼眶只会让我的心里更难受。

"中午走的，他自己的东西收拾完就走了。"你用筷子无意识地挑着面条，一边用手扶了一下自己的眼镜，但一口都没吃。这些天你一直处在伤心状态，做什么都没有心思，你最爱的男人离开了你，仿佛天塌下来了。

说到他，你又要哭，我心里一时难以接受，平时那么坚强的你哪里去了？看见你又要落泪，我替你伤心，真心为你不值："他都不爱你了，你还一直为他伤心干吗？"

听见我的话，你终于忍不住又哭泣了，无声地流着眼泪，都落在了还没吃的面条碗里，我站起来，好不容易在混乱的沙发里扯出一把纸巾递到你面前，我知道我说的话重了，你们以前那么相爱，想必你是心如刀割，只是我无法体会。我才十几岁的年纪，怎么会懂得青梅竹马之后的背叛所带来的伤痛？

看见我的纸巾，你默然接了过来，情绪渐渐稳定下来，我确定你没事，才把餐桌上还没怎么吃的面条拿到厨房倒掉。其实我也没有胃口，这半年来牵牵扯扯，我也身在其中。只是不想让你哭，为了那个出轨的男人，不值得。

等我笨手笨脚地在厨房整理的时候，看见你站在我的身后。我弯着腰正在整理垃圾袋，因为你在后面看着，我忽然觉得不好意思，匆忙之间垃圾袋的封口开了，没怎么吃的面条，还有前几天的牛奶空盒、各种包装的塑料袋等一大堆沉积的垃圾，哗啦，全洒在了地上。我窘迫地抬起头看你，你却笑了："笨手笨脚的，我来吧。"

我站起来，看你麻利地拿出新的垃圾袋，一边用扫把把垃圾扫进撮子，一边拉紧垃圾袋的封口，最后拿出拖布把地上的水渍和汤渍拖干净，一系列的动作一气呵成，我仿佛看见以前那个干净、爱笑的妈妈。自从知道那个男人有了新欢以后，你已经很少这么干了。

"我们两个也挺好。"我们坐在那个软皮沙发上看电视的时候，我学着你以前的样子，给你扒香蕉，削苹果皮，虽然我的技术差的不是一点儿半点儿。"妈妈，没有他，你还有儿子。"说完我把削好皮的苹果递给你，看着我那犹如狗啃的苹果，你又一次忍不住笑了。我知道你也知道，无论怎么样，这个家，只有我们俩，他，不会再回来了。这一阵子家里阴沉冷郁，你天天都在忧愁和无助中度过，几乎不笑。现在，你已经笑了两次了。

只要有事情做，你一定会好起来。

我真的不想你一直活在悲伤里，你儿子请假耽误课程回来看你，你都没有注意到。你儿子已经高三了呀，我真的很失落又很生气，他一走，把你的精气神都带走了。他还是那个意气风发浑身魅力的男子，而你，已经明日黄花，萎靡不振了。

"妈妈，相信你儿子会撑起这个家。"最后，我信誓旦旦地对着你发誓，就像圣斗士守护神殿一样庄重。在回卧室的时候，你努力弯起嘴角和我道晚安，听见我的话还象征性地点点头。我知道，你卧室的灯亮到很晚。

没有那个男人，我们还是一个完整的家，是他不懂得珍惜你。我们都要好好的。我在心里暗暗发誓。

没有我的日子，请照顾好自己

因为临时请假，第二天一早我还要赶回学校。

你开着车送我去学校，一路经过你曾经读大学的地方，我明显看你有点儿走神。我解开安全带，用手指着外面说："吴雅女士，我要下车。"你看了一下时间，疑惑地说："时间很赶，下车做什么？"

说着车却停了下来，我拉着你就往校园里走。你不明所以，但在看到"乙丑进士"牌坊的时候愣住了，那是你和他相识的地方，为此你们还在这里照过照片做纪念，我记得相片上的小美女笑得一脸幸福，彼时英俊的他正搂着你的肩膀，笑得心无旁骛。

我拉着你郑重地站在你的右边，那是他的位置。"来，美女，我们合影留念。"说着我一手搂住你瘦弱的肩膀，叫你和我一起看镜头，一手拿着手机喊"元宝"。你下意识地扶了一下自己的眼镜，镜头里的你带着一点儿惊讶和迟疑，恢复了一点儿青春的样子。

"我们去把这个冲洗了，很有纪念意义。"我冲你眨着眼睛，一面示意你跟上我的步伐。你好久都没来母校了，连个冲照片的地方都找不到，大半天一无所获。

你看了看时间，终于开始担心我旷课了。

我心里有那么一点儿扳回一局的感觉，你终于还是能想起眼前的儿子在做什么。这是好现象。

相片冲洗出来以后，我坚持要回家把照片放进你床头的相框才安心。

"你以后多想想你儿子吧。"临走的时候我说。

可是，你一个人独居的生活，并不那么顺利。

在接到医院电话的时候，我还是吃了一惊。

赶到医院的时候，你正昏迷在病床上，输液袋里显示是盐水和葡萄糖。看着你灰白的嘴唇，我终于知道你的低血糖又犯了。我早就应该想到，没有我督促你，你又没有按时吃饭，心情抑郁，偌大的屋子里，孤零零一个人，没有人气，越孤单越伤心，恶性循环。

我坐在床头，回想起自己上次回家的那个时候，你还很好。我还是太轻信你，相信你自己可以走出阴霾，你的坚强正随着岁月的消逝渐渐走向软弱，你已经与社会脱节了。我被你宠坏了。我忽然感觉自己和他一样是个混蛋，不知道关心你，只知道安心享受你给我们的好。

那么优秀的男人，自己不会拈花惹草，也会有蜜蜂蝴蝶来招引。

我不是不知道他在外面风流的事情。我相信你也一定有耳闻，只是装聋作哑，维持生活表面美好的假象。你舍不得曾经的美好，舍不得你与他的点点滴滴，以为只要不戳破，肥皂泡在阳光下会一直七彩，你只是忘记了，你大仁大义不计较，却有人明火执仗要夺权。

我曾经看着你的身影在路灯下模模糊糊，你看着他与另外的那个女人亲密的散步。无论是为谁，你们一定会走到今天这一步，只是，你为什么看不清？

最后一次三个人聚会，你只是流泪，一直不停叨念"怎么会？怎么会？"他皱着眉头，似乎是很不耐烦。我把你拉走，我不要看到你像个弃妇一样哀求着，像是摇尾乞怜的哈巴狗，你是我的妈妈，就是走，也要走得正气凛然，你没有做错，为什么要去哀求？

回忆像是被打翻了书页，哗啦啦在我脑里过山车。

不经意间，看到你的鬓角居然有一根白发！我惊讶地揉揉眼睛，确定自己没有看错。微隐在黑发的白色，亮得异常刺眼。我犹豫着要不要替你把它偷偷拔出来，又怕把你惊醒。犹豫着，你的手指微微动了一下，醒了过来。

醒来的时候，你好像有些"不知今夕是何年"的错觉。

我对你的关心还是不够，不知道你爱吃什么，爱穿什么，你讨厌什么，害怕什么，我依然是那个被你照顾的滴水不漏的孩子。而你，生活得漏洞百出，却无人为你缝补。

你的脸色还是很不好，苍白着，嘴唇青灰，眼神黯淡，加上那根白发，我居然鼻子发酸！

我装作若无其事的样子去床头拿水果，削皮的时候手指割破了，疼得我流眼泪。我把手指放进嘴里不肯出声。没出息吧，这么点儿伤就疼哭了，真不像个男子汉，我在心里鄙视自己。

出院的时候，你已经恢复得差不多了，只是还很虚弱，我不放心你，又和老师请了假，把你接回了家。翻开冰箱，什么都没有。

我很想冲到你面前，"想饿死还是绝食？这样他会回心转意还是怎样？这么不珍惜自己，折腾自己有什么用？苦的是你儿子！你一辈子只为他活吗？就不能为自己活一回吗？"我狠狠地抓着冰箱门，深呼吸好几次，才把自己的火气压下去。

我给你冲了一杯红糖水，拿着钱包下去采购。嘱咐你好好躺在床上，不要乱动。你一边喝水一边说没事，"只是低血压，吃点儿饭就好了。"扶着眼镜的那只手，瘦削无肉，青色的血管上有打点滴留下的针孔。我压着火，轻描淡写地说："身体是自己的，要减肥也要等到吃饱了才有力气减啊。"

你明白我这是暗示你，但是你却被我逗笑了。

体育场的演唱会

我想了几次，为了安全起见，我不再上晚自习。

老师还是很宽容地允许我走读。

自从我晋升为走读生以后，我对你约法三章。

第一：三餐。于佳同志的早餐、午餐、晚餐都要在家吃。吴雅女士负责买菜、做饭、做菜，于佳负责洗碗、倒垃圾、收拾厨房。

第二：家务。吴雅女士负责收拾卫生，包括客厅、阳台以及卧室，还有喂鱼和浇花；鉴于于佳同志是学生还要上学学习，每个月负责洗窗帘、被套、枕套和床单。

第三：暂时没有想好，想好另行通知。

当你看见我的约法三章时，你还是忍不住问："你走读真的可以吗？"我很认真地点头，我不放心你一个人在家，然后告诉你，老师已经同意了。以前，都是你照顾我们，现在，轮到我照顾你了。于是，我们开始了我们二人的生活。

你知道我只是想给你找事情做，为你好。你也开始认真地做好每一件事，这些事，本来都做熟了，而现在重新开始做，已经有了别的意义。

我学到多晚你的灯就亮到多晚。我知道，你失眠是家常便饭。

"妈，这么多年了，一直做饭洗碗去市场买菜，做家务，照顾我们父子两个，你厌倦了吗？"

"哪有想那么多。只想你们吃得好，穿得好，出去有面子。现在想也晚了。"

"不晚。"我说。

那一夜，我终于明白，你的不肯，也是为了我能有一个完整的家。我想，没有了感情，相看两厌，还不如趁早快刀斩乱麻。

我还是很多做不好，还要你来帮忙，这个时候，我就会看见以前那个持家有道的贤妻良母。看着家里开始回归以前的井井有条，明亮温暖，我的心里边酝酿了一个不大不小的计划。那个偶尔还偷偷摸摸来看你的男人，是你前进的最大阻碍，劝说是改变不了十几年感情基础的，那么我只有铤而走险。

他偷偷来这个小区，可能是来看你的，却要装得人不知鬼不觉。每一次，你才好不容易恢复的心情就会抑郁几分，我很恼火。你以为我不知道，你也不会对我说。

所以，我的计划要提前实施。

直到那一次老师把电话打到你的手机上，你才吓了一跳，老师告诉你，我的成绩下滑的令人担忧，要求我重新住校。

高三阶段，注重的是复习，我不能上晚自习，全靠白天老师的讲解还有回到家自己的恶补，下滑是自然的，当然，这里还有我的刻意而为之，这是我的计划。

那天晚上，你严肃地对我说："是妈妈连累了你，从明天开始，你必须住校。我知道你是为了照顾我才选择走读的，从现在开始，我会照顾好自己。"我假装为难了一阵子，然后半妥协半威胁地说："住校也不是不可以，只是……"你略微诧异地看着我，我拿出那约法三章，在最后一条加上："于佳同志住校了，成绩好了，就会考上好大学，那需要很多钱，上了大学还要交女朋友，找工作，结婚，生孩子，都需要钱。所以，吴雅女士，你要为了儿子的光明未来而出去工作。"

当我把原话念出来的时候，你是很认真在听，听到最后那句："出去工作"，你迷茫了一下，然后很无奈地说："好多年了，都忘记了。"神色有点儿暗伤。我把约法三章放到茶几上，很严肃地说：

"我要是住校了，你就不用为我准备一日三餐了，你可以有很多时间学习，不会的可以去补习班。还有，你别忘记了你可是X大设计系的才女哦。"或许是最后一句话有了效果，在听见X大才女这句话时，你的眼里马上亮了一下。我再接再厉，"我现在也是需要努力的人，我们可以做一次比赛，看谁成绩提高得快。"我伸出右手，示意你与我击掌，我们愉快的击掌三下，算是定下了盟约。

重返学校，我的成绩自然提升很快。我只是担心你。

开始的学习都是艰难的，尤其你还是扔了好多年书本的人，担心你坚持不下去。每周，我都会给你汇报我的学习情况，顺便鼓励你。我还时不时提醒你按时吃饭，我不希望你以健康为代价换取进步。

内因终于起了决定作用，儿子的前途激起了你的拼搏之心。你终于学会关心这个儿子了。我偶尔还会收到你的学习进程。我们就像两个互相攀比的学生，看谁表现得更好。

"我发现这本书好多我都不会了。"当我收到你的这封短信时，马上一呆，以为这是你半途而废的前兆，叮咚，你的短信又来了，"我又重新做了一遍，我发现我又全会了。"我嬉笑了一下，你都会说冷笑话来自我调剂，那么，成功指日可待。

在我重登学校风云榜的时刻，你也领到了你第一个月的薪水，你兴奋的在微信上联系我，要请我吃饭。

那一个周末，我手里举着两张演唱会的门票："王力宏可来广州开演唱会了咯！去不去看帅哥？"我嬉皮笑脸地拿着门票，冲着你眨眼睛。

你雀跃了一下，露出少女般的表情："去，帅哥怎么能不看？"

"现在离演唱会开始还有三个小时的时间，美女，你只有一个小时的化妆时间哟。我们离体育中心很远，这个时间段非常塞车。"我看见你眼里的光芒，觉得这一步棋总算是压对宝了。仿佛看见胜利就在眼前，熬到1949年，我就解放了。过了这个坎儿，灾后建设，那就好办了。

不一会儿，你从卧室里走出来，看着我不好意思地笑了。我知道，你还不是很适应这些新潮的衣服。那些衣服都是我选的。我很调皮地冲你吹了一声口哨："美女，有人会以为我是你弟弟。"你赏了我一个白眼。

精心的打扮，让你年轻了好几岁，不再是那个从前只知居家不知修饰的你了。从现在开始，你会快乐的。像从前一样快乐。活给自己。

喧闹的演唱会，开始你还不是很放得开，在听到"改变自己"的时候，你的情绪忽然高涨起来，跟着那些年轻的女孩儿一起唱，一起喊，一起发泄，呼喊偶像的名字，尤其唱到"我可以改变世界，改变自己"时，我看见你眼角的眼泪，也许是兴奋，也许是决心，我知道，你一定会改变自己，改变世界。为了自己，好好活一回。

男人解决问题的方式

在第N次看见他偷偷来的时候，我觉得我必须要做一件事。就像现在我就坐在咖啡厅等他。

不出意料地没有如期而来，我并没有因为等待而变得焦躁烦恼。我一边搅拌着咖啡，一边耐心的等待。在迟到近四十分钟以后，我透过咖啡厅看见他的身影，先是东张西望了一番，然后才走进来，他在我面前还没坐稳的时候，我说："你放心，我是挑你们家女王最忙的时候约你，没有人盯梢，不会有人在她面前说三道四。"

他面上窘了一下，然后才讪讪地说："没有的事情。"

我继续搅拌着咖啡，期间他要了一杯黑咖啡不加糖。我想起家里那个，自从他走以后，在角落里落灰的咖啡壶，那是你专门给他煮咖啡用的，专门的进口咖啡豆，专门的咖啡壶，你把他养的太好了。想起这一段时间我与你过的日子，你伤心流的那些眼泪，失眠，躺在病床上暗无血色的脸，这个男人甚至连自己的儿子都不敢再去看一眼，这些事情，这样一个胆小鬼，没担当的男人，你怎么会爱上他，我觉得你的眼光真是糟透了。

我们之间的气氛安静而又诡异。他终究是忍不住而开了口："你的……她还好吧？"

我连眼皮都没抬，继续搅拌咖啡，"好，怎么不好？你要不是每个月都骚扰一次，她会过得更好。"

许是我的态度激恼了他，"怎么能这么说话？怎么说我都是你爸爸。"他板着脸孔，摆出一副严父的架势，我只是觉得可笑。

"别忘了，你现在是别人的丈夫，记住你的身份，我们不会去叨扰你的幸福生活，你也不要再出现。"我放下咖啡勺，眼睛盯着他说。

"我的事情用不着你来管。"

"你们已经分开了，没有任何关系了！懂不懂！为了她为了你自己，你不要这边再婚了还去看她，让她以为你还爱着她、旧情难忘、身不由己！你曾经那么爱她，难道分开了，你还要继续伤害她吗？你忍心精心照顾你半生的枕边人为你的离去伤心落泪，彻夜难眠吗？你觉得你良心过得去吗？你和你家女王好好过你们的日子，我们自己也要经营我们自己的生活！你就不要再出现了！我们不欢迎你！"说到最后，我的声音还是忍不住大了起来，尤其是最后那一句。

很快，周围的人都看了过来，还略有窃窃私语。他面上有些难看，看到我最后激动得站了起来说话，他急忙站起来双手示意，让我坐下来说话。我不知怎的就想起，卧室你的大哭，我熬到深夜做习题不能住校，成绩几次下滑老师要打电话给你都被我挡了回去，同学背后的明讥暗讽，这几个月受的窝囊气，全部汹涌而至，我简直怒火中烧："我是你儿子，不是妖魔鬼怪！用得着像躲瘟神一样躲着我吗？我还能吃了你不成！我在这里等你都快一个小时了，你以为我有很多时间很闲吗？你不知道我高三了吗？我还有几个高三让我去挥霍？"

说到这里，我拿起一口没喝的咖啡，泼在他脸上，"这是我替她泼的，这是你欠的。"然后，我扔掉杯子，狠狠地抓住他的衣领不给他反驳的机会，说话的时候我竟然悲哀地发现，他必须仰面才能看到我，我已经不知不觉比他高了好多："我说过，你不要再出现在我们的生活里！要不，我就用男人之间的方式去解决这个问题，我不怕丢人。"说完我狠狠地瞪了他一眼，不管他反应如何，甩开他的衣领，扬长而去。

出了咖啡厅，我心里就像要爆炸一样难受。如果在亲情的天平上，我会选择你。我记得他是我的爸爸，但是我更爱你。你为了家里这两个不省心的男人，失去了青春，失去了年华，人到中年还要失去唯一的爱人，好在你还有一个儿子，你不能做的，我会替你做到，你做不到的，我会做得到。天理自在人心，我在想，你那么善良温柔，老天一定会还你一个公道。

爱自己，从改变开始

你学会了在网上淘衣服，给自己买，也给我买。我穿着你淘来的各式衣服，还有乱七八糟的小玩意儿，都快成了同学的课余笑料。直到家里堆满你淘到的那些东西的时候，我严肃地说："吴雅女士，你再这样下去，会把你儿子的老婆本淘光的。"你才罢休。

你还去学了瑜伽，参加雅思考试培训，滑旱冰，学游泳。你的业余生活被排得满满的，很充实。你渐渐开朗起来，家里多了你的手办，漫画人物白泽，古代仕女，极品小猫，书架上除了书全是你的宝贝。

偶尔回家，我还会调侃着说："孺子可教，我这个师父教导有方吧。"

你一边绣着十字绣，一边说："油嘴滑舌。"我看着那个密密麻麻的《清明上河图》，明白了什么叫功夫不负有心人。

妈妈真的在慢慢改变。就像打网游突然就通关了一样，原来升级的感觉真不错。

当我被高三的生活压迫的只剩一口气的时候，你正拿着鱼竿与同事一起去郊外钓鱼，还发短信和我炫耀："于佳同志，我会钓一条大鱼给你补身体。"

那一次的演唱会以后，你正在一天天改变，周末我偶尔在家的时候，你会用略带伤感的语调说起以前的他，看得出，你已经走出婚姻失败的阴影，承认了他已经离开你的事实。可是，我仍能感觉到你略带伤感的遗憾，你是那样一个重感情的人，十几年的风风雨雨，相濡以沫，那是半生岁月的痕迹。只会永远被压在心底吧。

渐渐的你不再谈起他，或许刻意，或许他已经淡化在你生活里。终于守得云开见月明，你正渐渐地从黑暗走向温暖。

无论我的计划成功或失败，为了你，总是值得的。看着你一天比一天多的笑容，我终于不再那么焦虑。

黑色六月过后，我如愿考上X大，那天你正穿着正式的职业装，荣升项目组小组长。你对着我说："现在你是我的校友了，我去带你领略一下它的风采。"

不过那天我们没去X大，你开着新买来的车，去了广州最高的地方——"小蛮腰"。我们从第一个楼梯一直爬到最高层，站在透明的空间里，万物皆在脚下。开阔的视野，绝佳的高度，此刻，人类的渺小，还有那些庸人自扰的烦恼，在这里，只不过是眼前一粒微尘。

华灯初上，珠江的夜景如此迷人。你习惯性地去推自己的眼睛，然后望着远处的霓虹对我说谢谢。我轻轻搂住你的肩头："妈妈，我们两个人，也可以过得很好。"你笑了，在五彩的灯光里，如天上的启明星一样，耀眼夺目。这是你的绝世风光，无人能替代。

这一刻，新的生活已经向我们开启了幸运之门。

你看，没了他，你的人生可以再次辉煌。

我只不想让你忘记，有人更爱你。

美好是悲伤的恩赐

恐怕不会有多少人明白我的难处，有的事情没有亲身经历过，是不会明白其中的苦楚的。就像打破一个瓷碗，被它割伤了手指，滴出血。而且你知道有大批闲人来等着看你的笑话，所以你不能让他们得逞，你只能冷静，不能哭，不能喊疼。

爱你不是孤单的心事

柯筱禹

1

"你是个女骗子，骗走了我的心，还骗走了我的智商。"

这句话是成年后的骆可的原话，当他说这句话的时候，我开始回忆我和他第一次说话的场景。

我想，那应该是十年前一个阳光慵懒的午后，我的脑海唯一残存的印象就是，当时身高不足一米三的骆可从光影里走出来，穿着蓝白相间的海魂衫，他问我："听说你会外语，能帮我写句话吗？"

我有些目瞪口呆，他是我们班上胆小到连打针都会晕血的男生，今天居然和我开口了，我洋洋得意地点头："当然，整个六年（2）班，只有我蔺巧巧会英文。"

事实上我连二十六个英语字母都搞不清楚，但强项是爱吹牛，这是一件令成年后窈窕端庄的我十分匪夷所思的事情。

骆可咧开嘴巴笑了，变戏法一样从身后拿出一张信笺和一支笔说："帮我在最后面写一句话，'我喜欢你'的英文，就是这里。"

这是一张还未写正文的信笺，甚至连称谓都没有，他把我的手放到落款处，然后从兜里掏出一把开心果放到我的桌子上说："谢谢。"

我偷偷瞟了两眼他的荷包，迟迟不下笔，他立马从另一个口袋里又抓了一把给我。

我提笔在纸上歪歪扭扭地写了几个字"WOAINI"，然后很潇洒地把笔纸给他，说："赏给你了。"他回给我一个灿烂的笑。

无巧不成书的是，中学我和骆可又分到了一个班，无论是他新买的水粉笔，还是租借的漫画书，我对他的掠夺从未停止过。而骆可，虽然颇有微词，但却从来没有把我的野蛮行径抖出去，惯得我一次次变本加厉。

但这一切都不足以让我产生感恩戴德之心，因为我心里住着一个人，我的同学路易安。

路易安是我爸同事的儿子，用现在的话来讲，他是一个非典型的学霸，为什么是非典型的呢，因为他是个学霸，但衣着比学霸洋气，长相也比学霸帅气，而且德智体美劳样样优秀。我总想多见见他，和他多说说话，或许这就是情窦初开吧。那天放学前，我径直走到路易安的座位旁说："晚上我想去水库玩，你要不要和我一起去。"

其实他不答复我都能猜到他会拒绝，我只是想侥幸一次罢了，果不其然，他说他要去参加奥数培训班，没空。

"那你能帮我……"我话音未落，路易安就猜出了我心中的小九九，蛮不情愿地说，"又对你爸说我帮你补习晚点回家？"

"拜托你啦！"我本能地搭上路易安的肩膀推搡他，但是很快就面红心跳地缩回了手。

中学时代的路易安，还是个诚实守纪的好少年，不愿和我成为一丘之貉。于是他凑到我耳边，吓唬我说："上星期水库刚死了个人，听说是个女孩儿，但是可怕的是，有人前两天看到她还魂了。"

路易安演得挺逼真，我不由打了个冷噤，把方才从骆可那里抢来的开心果分了一半，借花献佛给路易安说："别吓我，我蔺巧巧可不是胆小鬼！今晚要是我爸打电话给你求证，你就说确实在给我补习，就这么愉快地决定了。"

路易安翻了个白眼，以示对我的鄙视，然后仰起头，扔了个抛物线，开心果准确无误地落进了嘴巴里。

我知道我这个女土匪，在路易安面前永远没有底气匪起来，但是我必须有一个可以呼来唤去颐指气使的小跟班，于是我想到了骆可。

2

我在男厕所门口堵截住了骆可，朝他吹了个口哨说："你，过来。"

他愣了一愣，不过很快就跟着在我后面，"干什么去啊。"骆可没有一点儿其他男生的嚣张，乖得让我有想把他当宠物养的冲动。

"去了你就知道了嘛。"我把钥匙圈套在手指上有节奏地甩动着，潇洒地朝自行车棚走去，正想取车，却看见了冤大头徐莉莉。

徐莉莉掏出小本子，捏着嗓子尖声说："蔺巧巧，你已经第三回乱放自行车了，按照自行车管理条例第三章第七条，这辆车我必须扣下。"

徐莉莉平时也看不惯我，她背后议论我说我是小妖精，说我迷得那么多男生爱和我打交道，所以她不会放过任何公报私仇的机会。

对了，我忘记告诉各位看官了，看我这德行，别以为我就是个短头发的假小子，事实上我挺爱臭美，离子烫、格子裙都是打我这儿开的先例。

可是，当徐莉莉看见从转角处走过来的骆可的时候，我明显地看到她闪躲的眼神，她清清嗓子，一下子从容嬷嬷变成晴格格，说："巧巧，我已经放过你好多次了啦，可是你总是一而再再而三地违纪，让我也很为难啊。"

"那车是我放的，我和蔺巧巧换车骑了，你扣下我的车好了。"骆可突然开口说话，语出惊人。

我瞠目结舌地看着骆可，不相信一向腼腆的他会这么爷们儿，徐莉莉也怔住了，她没料到骆可会来这一招，她不想把事情弄复杂，恼羞成怒地跺着脚走开，把我们撇在自行车棚。

我知道徐莉莉彻底嫉妒我了。

"她怎么就这么走了？"骆可满脸问号地看着我，眼神无辜。

3

水库是我很喜欢去的地方，因为我天生喜欢水。我的水性极好，一点儿都不害怕水库飞流直下的极具有视觉冲击力的蓄洪道，但是当我跳进去的时候，骆可脸都吓紫了，不停地喊："危险啊，快上来！我以为你就来这附近走走，要是早知道你玩这么疯我就不同意你来了！"

我得意地从水里探出脑袋说："我可以潜好久呢，如果有氧气筒的话，在水底待半个小时都不是问题。"

我游向了另外一边，水库管理处的小房子挡住了骆可和我，或许是时间关系，这天水库这边都没什么人，可是正当我刚爬上岸的时候，一把明晃晃的刀突然架到了我的脖子上，那人恶狠狠地说："我等你好久了！那天你都拍到了什么！"

我用余光瞟到他的容貌，吓了一跳，心里大喊不妙，王麻子！

王麻子我怎么能不认识，他这个派出所常客，作案层出不穷。我十三岁那年，我爸把市里获释出狱的犯罪分子的照片挨个列在小黑板上给我认，说我不再是儿童了，有明辨是非的观念了，看到这些人要格外留心。

我已经感觉到我脖子上轻微地刺痛了，伴随着若有若无的血腥味，平常天不怕地不怕的蔺巧巧一下子消失无影，我明显感觉到腿部的颤抖，我发蔫地说："我不知道你在说什么。"

"别装傻，上个星期六晚上那个拍照的人就是你！"王麻子恶狠狠地说。

我完全不明白他的意思，我只知道自己大脑乱如麻。

"我发誓我什么都不知道，如果我说谎了我天打雷劈！"我觉得这是我这辈子最坦诚的时刻了。

可是这种毒誓对路易安或许还奏效，但对面前的王麻子一点儿都没用，只见他的脸变得狰狞扭曲，恶狠狠地说："小兔崽子，再不老实交代我就灭了你，杀了一个我不怕杀第二个！"

我突然想到路易安的忠告，难道这水库附近真的死了人，还是被我身边这个人给解决掉的？我吓哭了，我真的吓哭了，我第一次被吓得屁滚尿流。

劫持者的注意力大抵都集中在了我身上，所以骆可偷偷窜到他背后的时候王麻子并没有发现。

骆可不知道从哪里找来一个铁棍，使出吃奶的劲朝王麻子的胳膊肘击打，王麻子瞬间失去了支撑，腿一软就跪倒在地上，与此同时他的手松了，刀子掉落到地上。我见机立马飞快地挣脱跑了出去。不过王麻子正值壮年，到底是反应快，发现骆可后，腾出另一只手立马拽住了他，骆可想跑已经晚了。

4

看到骆可被抓了，我站定，本能地用能有多难听就有多难听的话骂王麻子，我以为这样刺激他，他就会扔掉骆可反过来抓我。但是王麻子比我想象的聪明，他没有丢下骆可，而是用骆可刚才持着的铁棍朝他的脚生生地重击了好几下，见骆可痛得瘫坐在地上才瘸着腿来追我。我被眼前的一幕吓呆了，不由分说撒丫子就跑，那一刻，我觉得我这么多年最对不起的人就是骆可。

不过万幸的是，路易安没替我瞒住我去贪玩的事，我爸气冲冲地来水库找我决定要把我狂揍一顿，结果看到了眼前这胆战心惊的一幕。我爸好歹也是一人民警察，再加上王麻子负了伤，几个回合就制服了他，我和骆可总算是死里逃生了。

我倒也无大碍，骆可的脚伤得不轻，站都站不稳，更别说走路了。我爸把押着的王麻子移交给匆匆赶过来的警察同事后，背着他往医院赶去，一路上把我训斥得一脸屎样儿。

医生给骆可上药的时候，他的脸一直在抽搐，我握住他的手说："疼的话，你就叫出声来。"

骆可摇摇头说："不疼，你好好的，我就不疼。"

我一阵心酸，当时唯一的想法就是，这个朋友真的没白交，我以后一定要将心比心地待他。

晚上回到家，我爸并没有因为我经历了这么大的惊险而饶我不受责罚，回到家我被责令在房间闭门思过，我偷偷给路易安打电话，我说："你说叫我怎么感谢你好？"

路易安还不知道我身上发生了这么大的事儿，我明明是很温柔地征询，可路易安似乎会错了意，以为我在质疑他，不等我解释，直言不讳地说："我希望你认真念书，我不希望我们差距太大。"

路易安说话的语气，一点儿都不像开玩笑的样子。

我挂了电话，一阵热泪喷涌而出，原来路易安觉得我们差距太大，他是在瞧不起我这样的女生吗。

我爬到床上去，擦了擦眼泪，凝视着落了薄尘的吉他，当初是为了和路易安一块学琴买的，只是如今爱情这根弦松了。虽然我外表有点儿蛮悍，但是内心里却是个软妹子，我装作和路易安一清二白的样子，只是不想让周遭的人察觉出来我喜欢他而已。换作张易安、王易安说像路易安同样的话，我都满不在乎，但是路易安此番的态度，令很少伤心的我脆弱了许久。

这是我第一次冒出要努力转型为淑女的念头。

这时，电话响了，我接起来"喂"了半天，对方才吞吞吐吐地说："请……请问这是蔺巧巧的家吗？"

我说是啊，可是对方却迅速地说："对不起，我打错电话了。"然后"啪"地挂了电话，我做出鄙视的表情对发出忙音的话筒说："你去屎（死）。"

后来的大半个月，骆可在家养伤，我一直都没在校园见到他，身边少了这么个人，心里总是觉得缺点儿什么，但好在路易安还在，虽然他伤了我的少女心，但我以为只要我学习成绩提上去了，他就会对我刮目相看，所以我以这样的动力认认真真地听课做笔记。

5

月末有国庆晚会，我有节目要表演，一大早我就到街上遛弯，路过一家美容店的时候，我在外面徘徊了好久，经过几番思想斗争，终于推门走了进去，我不光要跻身班上前十名，还要比其他女生更俏丽。

老板娘瞟了我几眼，冷冷地问："做什么项目？"

我底气不足地答："化妆。"我指着旁边一个正在接受服务的美女说："我就是要这样的效果！"

老板娘指使了一个店员，懒洋洋地说："阿丹，你给她化化。"

我看着阿丹手里五颜六色的眼影，觉得怪瘆人的，可还没来得及质疑，就被阿丹按倒在座位上，给我洁面上妆。

一切完成后，我看着镜子中的自己，吓了一大跳，我捂着脸说不行不行，阿丹王婆卖瓜自卖自夸道："就一个字，美，你以前从没化过妆，觉得不好，习惯了就好了。"

阿丹这么一说，我才定了心，我顶着夸张的妆容走在街上，不幸地遇到了正在买洋芋烧的徐莉莉，她的眼神百转千回，起初是怀疑，然后是惊恐，最后是嘲讽。

"蔺巧巧，你真是笑死个人了，难道没有人说你打扮得跟小丑似的吗？"徐莉莉不安好心地说。

我刚想回嘴，突然发现路易安从马路对面小跑了过来，我心里咯噔一下，压制住自己的不快，灰溜溜离开了，我在心里一遍一遍地安慰自己说我要淑女，淑女是不能骂人的。

走了十多米远，我才回过头朝他们的方向望去，看到他们侧脸注视着彼此，谈笑风生，徐莉莉在路易安面前，转身一变就变成了温顺的兔子。呵呵，两个学习成绩出类拔萃的人走在一起还真般配啊。

我抬头看了看天空，天阴沉沉的，乌云厚重得都快要掉下来，似乎马上就要下雨了。我刚这么想，天公就不作美地下雨了，而且是大暴雨，豆大的雨点砸到我身上。

"咦？蔺巧巧。"我躲到屋檐下避雨的时候，听见有人叫我，是骆可，他穿着拖鞋，脚上还缠着绷带，走路一瘸一拐的。

满脸都是雨水的我眯着眼睛，头发贴在头皮上，成一绺一绺的了，我想我现在的妆一定花得难看极了。

"那天我给你打电话了，可是是你妈妈接的，所以我又挂了。"骆可的注意力似乎没有集中在我狼狈的外表上，这让我好受了不少。

可是我转念一想他的话，觉得有些不对劲，琢磨了一阵，我恍然大悟，那个问是不是蔺巧巧家并且在得到了肯定的回答后却挂了电话的人就是骆可。

我不顾骆可是病号，缺心眼地大笑起来："你的线条够简单的。"

我自导自演地举起握成电话状的左手说："喂，你好，这是蔺巧巧家吗？"转而又举起右手做打电话状说："是啊。"最后落音说："对不起，我打错电话了。"

骆可在一边十分窘迫地看着我的自问自答，这个时候，路易安突然从雨中跑向我，一脸愤怒地说："化学实验室的门，你忘了关，是吗？"

我被路易安的突然质问弄得有些懵，周五放学的最后一堂课是化学课，化学老师特别信任路易安，试验器皿的收尾工作由路易安负责，可是班上的一个同学和别人打起了架，他急忙赶过去处理这个突发事件，便把收尾工作交给了当时还在实验室磨蹭的我。

但是我记得我明明锁了门的，我连忙为自己辩解，路易安却告诉我，就在刚才，实验室管理员发现门没关，碰巧在路上碰到了他，告诉了他这件事，令他觉得特别没有面子。

我吓出一身冷汗，实验室里有很多化学药品，忘记关门是大忌，如果有人存心想偷药品犯罪的话，酿成的后果将不堪设想。

"为什么你会觉得是我呢，也有可能是其他人后来进去了啊。"我觉得自己冤死了。

徐莉莉也赶了过来，晃着路易安的胳膊，冒充老好人，假惺惺地解围道："算啦，你别生气啦。"

她此刻变得矜持温婉小鸟依人，不再是我面前的尖酸女。

"你滚一边去。"我看到徐莉莉就来气，忍不住放了粗话。

"蔺巧巧，你别没事找事，你总是爱迁怒于其他人，真幼稚，我真的不该相信你。"

路易安眼光灼灼地盯着我，一字一顿地说完这句话，头也不回地转身离开。他特意跑过来，只是想告诉我，他不该相信我，我幼稚。

路易安对我的态度，比这急来的大雨，更令我觉得狼狈，我素日里的嚣张气焰此刻全都无影无踪，我耷拉着脑袋，半晌回不过神，突然，一只手帮我拂起遮住眼睛的湿嗒嗒的刘海，我眼前多了一杯姜汁奶茶。

"趁热喝了，别感冒了。"

我这才记起骆可还在我身边，我抬起头看着他，他微笑着对我说："不要怕被人误解，时间总是会让真相水落石出，问心无愧就好了。"

骆可都不知道个中缘由，却还信任我，为我打气，那一刻，我觉得我之前从来没有像现在这样感激他，我无法抑制感情地抱着他痛哭流涕。

等到我发现自己失了态的时候，骆可雪白的T恤上已经蹭上了污浊的颜色。

还没等我道歉，他就抢先说："没事，我家洗衣粉高效去污。"

6

那天以后，我一直盼着骆可的电话，但他没有再打来。

直到一天，我趴在窗台前做题，余光瞥到窗前有明晃晃的色彩，我定睛一看，是一个氢气球。

我好奇地打开窗，看到骆可牵着氢气球，在我楼下朝我做手势，喊我下去。

我偷偷溜出了家门，骆可说："敢和我去溪庄吗？"

溪庄在邻市，对于从未离开过家门方圆百公里以外的我，以前是不敢想的，但是我毫不犹豫地相信了骆可，生平第一次坐上了跨城巴士。

颠簸了两个小时，我们来到了溪庄，骆可带着我跨过田埂，跃过村庄，一路带我来到桃花源。

我被眼前的景色震撼得张口结舌：一望无际的青草，崭新修葺的石桥，清澈见底的流水，还有姹紫嫣红的桃花。最主要的是，除了我和骆可，再无别人，此番良辰美景只由我们共享。

那是这辈子最撼动我的一幕，秋天，居然也会开桃花，我不敢相信我的眼睛，追着骆可帮忙求证。

骆可告诉我，这是他爸爸开发的新项目，这一片是一个小型的生态圈，温度湿度都被调控着，而我，是见证这个奇迹的第一个游客。

"原来你爸是大款！"我惊呼，很早就从父辈口中得知，我市首富要建设生态旅游圈了，和骆可认识那么多年，我竟然不知道他爸爸就是本市首富，我居然使唤了富二代这么多年。

骆可不置可否地笑笑，我摘了一朵桃花戴在头上，说："骆富贵，既然你这么有钱，不如借点儿钱给我，我一直很想买路易安他妈开的车行的那辆粉红色轻骑，我已经攒了四千压岁钱了，还差一千就够了。"

155

美好是悲伤的恩赐

"不要，骑摩托车太危险了。"骆可想也不想就回绝了我。

我轻微有些失望，但想到别人不借我钱是别人的自由，我也没什么好抱怨的。

那天我们回家的时候，坐在车上，骆可几番欲言又止，最后，他终于开口道："巧巧，再过不久，我就要转学了。以后我不在你身边了，你不要再欺负其他人了，我给你欺负，不是因为我傻，而是因为……"

"而是因为什么？"我没头脑地问道。

骆可顿了顿，说："而是因为你头脑简单，没有徐莉莉那样精明，我怕你去欺负别人不成反倒被欺负，所以我干脆就让你欺负好了。"

7

骆可走的那天，我收到了路易安他妈送来的粉红色轻骑，她见到我爸妈，寒暄道："一个男孩儿买了这辆车说叫我送到这个地址，没想到是你们家。"

我们一家人都有点儿摸不着头脑，我来到窗台前，看到窗外飘着一只氢气球，氢气球上绑着一张纸条，说：骑摩托车的时候一定要注意安全，再见到你的时候，我要看到你好好的。

我打开轻骑的置物箱，里面放了好多好多的开心果。

当时我就哭了，哭得一塌糊涂，我把那个气球拿到房间里，每天都怔怔地看。

骆可走了，没有留下任何联系方式，我唯一知道的，是他去了省城最好的高中。后来，我除了学习，再也找不到其他充实的方式，一直到我考上大学。

大学寒假的中学同学聚会，我满怀期待地参加，以为能够见到我朝思暮想的那个人，但是心愿未遂，一直到散场了，他都没有出现。

我曾经懵懂喜欢的那个路易安，水到渠成地和徐莉莉成了一对，两个人一个清华，一个北大，好不风光。

岁月成熟了人生，磨圆了棱角，徐莉莉也不再是以前那个口轻舌薄的徐莉莉了，她特诚恳地对我道歉说："提起往事，我还真不好意思，还记得你被路易安冤枉的那一次吗，其实实验室的门后来是我用偷配的钥匙打开的。"

无知的年少，又有谁会去计较呢，我一笑而过，说："这些都不重要了。"

几年后，我又去了一次溪庄，想看看骆可家的桃花源怎么样了，只见那里已经发展成为了配套成熟的风景区，一家名为"巧小姐"的干果店铺格外惹我注目。

我问店家认识骆可吗，他说当然认识，骆可就是他的老板。

我说你能给我他的电话吗，他摇了摇头，说他只和骆可妈妈打交道。

大学最后一年的寒假，我和一群朋友吃喝玩乐，挥霍学生时代的最后一个假期，手机响起，是一个陌生号码的短信，他问："是蔺巧巧吗？"

我回复说："是。"很快，他发过来短信说："哦，抱歉，发错短信了。"

我起初是纳闷，最后是展颜微笑，我知道他是谁了，即使这些年以来，没有过任何联系。

很快，他就打来了电话，他的声音我已经完全辨认不出来了，已然是个成熟男子的嗓音，沙沙地摩挲着我的心，他说："我想见你。"

8

我见到骆可的时候，没有陌生，没有尴尬，完全不需要适应，我激动地落了热泪，拍着他的胸口说："你为什么一走了之？"

骆可把我抱在怀里，轻轻拍着我的背："因为我想给你一个更好的未来。"

此时今日我才明白，和路易安一样深谋远虑的，是骆可。他努力地念书，高二去了美国，努力地考取常青藤院校，努力地比路易安更好。短暂的分开，换来更有希望的未来。

"好在我现在念了个不错的大学，如果我成绩依旧那么差，配不上你，怎么办。"我一把鼻涕一把泪地说。

"我配得上你就行了。"如今的他，早就没了往昔里腼腆的影子，说："蔺巧巧，你说，被我咬过的苹果你还吃吗？"

我有点摸不清骆可葫芦里卖的什么药，只得说："你想怎样？"

"你说你会不会吃嘛。"骆可像个小赖皮鬼。

"都被你咬过了，我才不吃呢。"我假装嗤之以鼻。

"那么说被我咬过的苹果就是我的咯。"

"那当然。"我点点头。

突然，骆可做了一个让我这辈子都难以忘怀的动作——他居然在我脸上轻轻咬了一口。

"同样的道理，那你是不是也是我的了？"骆可坏坏地笑，他变戏法一样拿出一张信件，上面密密麻麻写了很多话，落款是多年以前那个模糊不清的"WOAINI"。

我脑中想打他，手中却抱得他更紧了。

骆可问我："冷吗？"

我摇摇头，说："我很烫。"

零下一度的气温，三十八度的体温，"女土匪"的爱情火热升温。

时光曾经遇南城

筱 沐

我喜欢他，我真没辙

这个世界上有很多事情是我们无法控制的，比如说，一个深爱你的人说不爱就不爱了。

和顾南城分手以后，我在学校操场上吹了三个小时的风。

十一月的寒风凛冽得不像话，刮得脸颊生疼，可是跟心里的疼比起来，这实在不能算什么。

结果我很是给力地感冒了，沈铭把一大袋子药扔到我面前，瞥了一眼我脚边一大堆的卫生纸，"我说你至于不至于，不就是失个恋嘛，搞得跟这个世界有什么深仇大恨似的。"

"那你小子失恋试试。"话一出口，眼泪就稀里哗啦地掉。

看到我哭，沈铭一下子慌了手脚，他说："苏念，你别哭，你还是痛快打我两拳，我牺牲我英俊的脸让你打。"

记得以前每一次我哭的时候，顾南城都会着急到手足无措，可是以后再也看不到他为我手足无措的样子了，因为我是真的失去他了。

彼时网络上有句很流行的话，"刚刚在一起的时候，所有人都觉得你们不可能在一起很久，后来你们经历了很多很多，多到所有人都觉得没有事情可以分开你们了，你们却真的分开了。"

这句话说得可真经典啊，曾经以为我和顾南城一辈子会就这样走下去，可是现实总比想象残忍那么一点点。

一连几个星期我都是行尸走肉的状态，硬是从一百一十斤的富态美变成了九十斤火柴棍。

沈铭每天在我耳边絮絮叨叨，无非是说一些"初恋无限好，只是挂得早"之类的话。

当沈铭第N次在我耳朵边念叨这句话的时候，我彻底爆发了，揪着他耳朵恶狠狠地说："你是想死了，还是不想活了。"

他愣了半天才回过神来，然后给了我一个熊抱说："苏念，你可算是活过来了。"

为了庆祝我的重生，沈铭打电话叫来了一群狐朋狗友，一群人浩浩荡荡地杀去了离学校不远的KTV，这个KTV有个不错的名字，叫忘情。

听着他们鬼哭狼嚎，我就想世界上怎么会有唱歌这么难听的人，像我家顾南城唱歌不知道比他好了多少倍。

想到这里，我突然愣了，顾南城你看，不管遇见什么事我想到的第一个人都是你。

我拍拍沈铭的肩膀说去洗手间。

走廊上充斥着嘈杂的音乐，我深深吸了口气就看见迎面而来的顾南城，他依旧穿着那件蓝色的外套，俊朗的脸在五颜六色的灯光下依旧是那么好看，明明什么都没变，可是我们之间，一切都变了。

我低头想装作没看见他，他却开口了，他说："过得好吗？"

只是一句话就让我难过得不能自已，我抬头看他，强忍着眼泪笑得很灿烂，"很好，好得不得了。"

"那就好。"他越过我，径直向前走去。

眼泪终于不受控制地砸下来，我蹲在人来人往的过道上哭得声嘶力竭，一双白色的板鞋停在我面前，我泪眼婆娑地抬起头看见沈铭恨铁不成钢的表情。

我说："我喜欢他，我真没辙。"

农夫山泉，有点儿甜

时光流转。

在这个世界上，所有的相遇都是猝不及防，你不迈出那一步，永远不知道前方等待你的是什么。

以身体不舒服的理由，成功地逃了一节万恶的英语课。关于我的英语，班主任不止一次找我谈话，看着班主任痛心疾首的表情，我一脸无辜，"没办法，我一看见英文就胃疼。"

阳光暖暖的，操场上几个男生正在打篮球，我悠闲地踱步，一个篮球不偏不倚落在脚边。

篮球场上的男生吹起口哨，"嘿，美女把球扔过来。"

如果是以往，我绝对甩都不甩他，可今天我很是好脾气地把篮球扔了回去。

原因很简单，因为那个男生长得很好看，而我刚好是个花痴。

下课铃响起来的时候，那个男生抱着两瓶农夫山泉小跑着到我面前，他额头上布满了细密的汗珠，刘海儿也被汗水打湿成了一缕一缕的，但是这丝毫不影响他的帅气。

他递给我一瓶水。

我挑眉问他，"是道谢吗？"

他咧开嘴笑了，"我叫顾南城，你呢。"

"苏念。"

我拧开盖子咕咚咕咚喝了一大口，然后笑了，原来广告也不全是骗人的，农夫山泉，真的有点儿甜。

我恋爱了，本来是一件再平常不过的事情，却因为恋爱对象是顾南城而备受关注。一个是全能优等生，一个是普通到人堆里一抓一大把，两个八竿子打不着的人破天荒地在一起了，着实让所有人都大吃一惊。

"我对苏念一见钟情。"顾南城这样向大家解释。

看着他们羡慕嫉妒恨的眼神，我神气得恨不得把鼻孔甩到天上去。

顾南城就宠溺地摸摸我的头发。

或许是因为爱情力量的伟大，高三下学期我奋发图强，高考结束，顾南城以全市第一名考入A大外语系，而我则是以最低分数线的成绩学了我最不感冒的建筑学。

沈铭是我在大学中为数不多的追求者之一，在得知我有顾南城这样出色的男朋友之后，他很明智地选择了做我的哥们儿。

大一平安夜那天，大家一拍即合决定去吃火锅。脚踩在不算厚的积雪上面，发出咯吱咯吱的声音。

我说："顾南城，我冷。"

顾南城就拉过我的手放进他口袋里。

沈铭啧啧一声笑了，"除了顾南城，谁还会这么惯着你。"

我白了他一眼，毫不留情地反击他，"你想惯着我，我还不给你机会呢。"

一群人都笑了，沈铭撇了撇嘴没说话。

我冲他哼了一声，拉着顾南城愉快地走到队伍的最前面。

后来沈铭说，我当时那神态活像一只高傲的大白鹅。

我呸了他一口，你才是大白鹅，你们全家都是大白鹅，姐怎么说也得是一只骄傲的孔雀吧。

没有一首歌能唱出我的悲伤

没过几天，就听到了顾南城要出国的消息，我才知道原来那天在KTV是给顾南城办欢送party。

顾南城走了，彻底从我的生命中消失了，就像出现时那样猝不及防。

我问沈铭他是不是早知道，他没有说话，却是默认了。

顾南城你看多讽刺，你出国这么大的事，我却是最后一个知道的。

我在大街上漫无目的地走着，过红绿灯的时候习惯性地伸出右手，在半空愣了一下又收了回来。

走到路中央，左边路口突然过来一辆车一眨眼就到了我面前，我吓得一下子愣在了原地，司机刹住车，把头伸出窗户大骂，我几步跑到对面腿一软坐在地上哭了起来。

以前过马路的时候，顾南城总是会紧紧握着我的手，每次绿灯剩下几秒的时候他就会拉着我一起跑，可是现在他再也不会牵我的手了。

路过电影院，我买了一张票坐在角落里看完了一整场电影，讲的是一个很悲伤的爱情故事，男女主人公分分合合最后还是在一起了。

可是顾南城，我们还来不及分分合合，就彻底地断了联系。

电影结尾的时候，男主人公对女主人公说："我们会永远在一起。"

同样的话，顾南城也说过，当时听是幸福，现在想是刻骨。

我哭得稀里哗啦，旁边的男生问我，结局这么好你哭什么啊。我哭得更厉害了，记得《失恋三十三天》刚上映的时候，我拉着顾南城去看。看到一半我就靠着顾南城睡着了，散场的时候顾南城才叫醒我，我看着周围一个个妹子都哭得带雨梨花，就问顾南城结局是什么。

顾南城说："黄小仙失去了陆然，遇见了一个王小贱。"

我当时就问："结局这么好她们哭什么啊？"

顾南城摸着我的头发笑了。

我说："顾南城如果有一天你敢不要我了，我就找一百个，不，一千个王小贱，看你后悔不后悔。"

走出电影院的时候天已经黑了，手机上有很多通来自沈铭的未接来电，我打回去，他问我在哪，他来接我。

沈铭找到我的时候，天上飘起了小雪，他解下脖子上的围巾胡乱地给我围上。

他问我："想去哪儿？"

我说："去唱歌吧。"

到了KTV，我拿着麦克一边唱一边哭，那天晚上我唱了很多首歌，却没有一首能唱出我的悲伤。

我关上回忆，决定从此不想你

大学毕业后，沈铭如愿以偿成了一名出色的工程师，我则是在一个小小的出版社里做起了编辑，每天工作很累但过得很充实，偶尔看到类似我和顾南城故事的稿子还是会矫情地落泪。

下班路过小卖店，我习惯性地去货架上拿一瓶农夫山泉，一只白皙修长的手也同样伸向了那瓶水，我侧过头看见了一张我可能一辈子都忘不了的脸。我曾经杜撰过千万次我们再次相遇的场景，也许我会抱着他号啕大哭，也许我会头也不回地逃离，但真正遇见了，我却出奇地平静。

我看着他笑了，"好久不见。"

顾南城也笑，"是啊，好久不见。"

周末的咖啡厅异常火爆，找了一个靠窗的位置，他招手叫来服务员，点了两杯卡布奇诺。

咖啡很快就端上来了，服务员离开后我们之间的气氛很僵。

沉默了很久他说："苏念，我给你讲个故事吧。"

我点点头，低头搅拌着咖啡。

他说："高三的时候，我曾经用一个很老套的方式搭讪了一个女孩儿，我们在一起四年，经历了很多很多，可是最后我因为前途放弃了她，离开她的这些年我辗转喜欢过很多人，却再也没有一个人让我那样心动过。"

我抿了一小口咖啡，苦涩就蔓延了整个口腔，"可是你已经把她弄丢了。"

走出咖啡厅我深深呼了一口气，感觉整个人都变得轻松了。

顾南城突然叫住我，我回过头看着他，灯光把他的脸映得忽明忽暗，所以我看不见他的表情。

他人声说："苏念，你一定要幸福。"

我对他点点头，转身走进了苍茫的夜色中。

我想以后的路，我一个人会走得更勇敢。

美好是悲伤的恩赐

晗微

1

因为我的时间紧促，不得不挤出时间来辅导艾子叶，好在艾子叶很聪明，教一遍就能琢磨明白。很快艾子叶就不用我辅导了，我们经常黏在一起看书、温习功课。

我和艾子叶讲了我的秘密之一，我告诉艾子叶我没有爸爸。

艾子叶瞪大了眼："单亲？你还不知道自己父亲是谁？太偶像剧了吧……"

我苦笑："我哪有偶像剧女主的命好。"

作为交换，艾子叶告诉我她的一个秘密，她说她曾经骗爸爸要上一个补习班，把爸爸给的七百块钱买了吉他。

我暗暗咋舌，七百块够我用好久了。

有一天我和艾子叶一起回家，她认真地说："都没有去过你家呢，好想去呀。"

我有些为难："下次吧……"

艾子叶不由分说地挽着我，拉着我走："走啦走啦。"

我实在没办法，只好带着艾子叶往我家走。我心里有一股紧张感，好像撒了谎要被揭穿的小孩儿。我怕艾子叶不喜欢我的家，因此疏远我。

踏入明光巷，我领着艾子叶往家走，她好奇地打量着巷子，我们走到家门口，是弟弟来开的门，他有些意外："姐姐，是你同学？""嗯。"我转头向艾子叶，"郑荀，我弟弟。"艾子叶点点头，对郑荀笑笑："你好，我是喜喜的同学，叫艾子叶。"

庄明美不在家，又出去上班了。我掸掸床："坐吧。"

让我松了口气的是艾子叶没有问我家为什么在这个地方，也没有问为什么我家这么简陋。她只是与我谈论今天的音乐课听的几首歌。在送走艾子叶后，郑荀才从厨房出来，对我抬抬下巴："喏，饭已经做好在那里了。""你会做饭？"我有些愧疚。郑荀害羞地挠挠头："最近在学，想帮你腾出点儿时间。"

我看着他的脸，有点儿心酸。

我没想到，我住在明光巷的消息散播得那么快。我开始被指指点点，在厕所也听到同班女生与其他班女生以轻蔑的口气说："知道吗？我们班优等生郑喜喜，住在明光巷哦。"

"那种地方不是专住卖水果和收废品的人吗？听说还有许多小偷小摸的人呢。"是惊讶的语气。

"看不出来吧，平时一副不爱理人的样子。还以为她是有钱人呢。"

我几乎是颤抖着出的厕所门。一进教室，教室便安静下来，人人都一副认真看书的样子，但目光却盯着我。

嘲讽的、好奇的、冷漠的目光。

艾子叶偷偷趁老师板书时递过来张纸条："不是我说的，你相信我"。

"我相信你"我传了回去。她看到后，对我感激地一笑。我也对她笑。我相信她。

通用技术课，班上看电影，是《贫民窟的百万富翁》。有人起哄："让郑喜喜去答啊！说不定人家也能中一百万呢！"一群人哄笑起来，我扯扯嘴角，面无表情地继续看。艾子叶"嘭"的一声拍了下桌子："你们有病是吧！"

恐怕不会有多少人明白我的难处，有的事情没有亲身经历过，是不会明白其中的苦楚的。就像打破一个瓷碗，被它割伤了手指，滴出血。而且你知道有大批闲人来等着看你的笑话，所以你不能让他们得逞，你只能冷静，不能哭，不能喊疼。

2

庄明美出事了。艾子叶在班上找到我时，对我说医院打电话到老师那儿，老师让她来通知我。

庄明美居然在高危工厂工作，操作机器时，因为不慎，手背卷进了机器里。据说被送到医院时手上的骨头都看得见。

冲进病房时，庄明美正在打吊针，她的唇几乎灰白，她对我疲惫地笑笑："没事，手以后还能用呢。"

我不忍看她绑了绷带的手："这叫没事吗？你是不是要我担心死！你有事我和郑荀怎么办！"

她神秘地笑："我买了保险，你放心。"

我被庄明美的疯狂举动吓到了，她居然故意弄伤手，因为保险公司会赔钱！

我从未像现在这样憎恨自己的贫穷，它让我们抬不起头，为了有更好的日子，我们家一直在努力，甚至用了这种法子，只为了一点儿少得可怜的保险金。我恨生活，憎恨贫穷，为什么我们家要遭受它。

我回家去给庄明美拿生活用品，碰上郑荀正回家，我拉住他，"去哪儿了？现在都六点了，你最近怎么回来得这么晚。"瞧见他擦伤的手和脸，"你打架了？"

他低头看着地面，挣开我得手，摸摸脸："没事。"

"怎么回事？"

"这几天在做兼职，今天碰到有人闹事。"

"郑荀！"我张张嘴，还是不忍心责备他，"帮忙收拾东西，妈住院了。"

艾子叶提了水果来看庄明美，我有些不好意思，"子叶，不用带东西来的。"

艾子叶眨眨眼："我们是好朋友啊，大不了你下次在我妈妈生病时也去看看她呀，她最喜欢你这种好孩子了！"我感激地一笑，不再推脱，把水果收下。

在最黑暗的日子里，还好有可以一起在黑暗中前行的人。

不多久，郑荀的班主任就打来电话，说郑荀最近的成绩一直在下降。我不允许郑荀再出去做兼职，郑荀不同意："妈住院还要钱，保险费她又不让花多少，你就让我帮你们分担些吧！"我拗不过他，只好同意："但如果你成绩再退，就不要做兼职了，这是条件。"

一个人坏运气到了极致，就会迎来好运气。我深信这一点。

3

庄明美一个多月后出院，好在伤得没有我想象中那么严重，但庄明美的右手已经不能提过重的东西了，她的工作也丢了。

在一次我兼职的时候，路过一条巷子，走过一间红砖围墙的房子时，看见里面竟种满了花草，是薄荷和夜来香。夜来香的香气很浓郁，开成紫红色的喇叭状。小时候听庄明美提起过，夜来香和薄荷都可以驱蚊虫，但我很少见到它们。

"进去看看吗？"苍老的声音在身后响起。我一惊，回头看去，是一位老奶奶，正拎着空的垃圾篓站在我身后，笑吟吟地看着我。

我点点头，没有拒绝。

幽静的小院让人莫名地心安，那天下午，我坐在旧木椅上与老奶奶聊天。我讲我的家，我的心情，她只是静静地听。讲罢，我心里无比轻松。她摸摸我的头："如果能看见嘉嘉，她应该也和你一样大了。"

"嘉嘉？"

"是我孙女。我已经好几年没看到她了。自从老头子去世了，嘉嘉的爸爸和大伯分了家，再没有回来了。"

她笑，"老婆子我老喽，日子不多了，只可惜没有看一看嘉嘉。"

"奶奶，以后我有空就过来看您吧，您就把我当嘉嘉来看吧。"

"这样吧，你以后常来陪我，我付你看护费。正好我没人照顾，你又在找兼职。"

我脸红了："我不是为了钱。"

奶奶拍拍我的手："我知道。但我与其把那些钱带入土，还不如帮帮你。"她笑了笑又说，"不过你可不能偷懒呀，我付了工资的，你可得好好照顾我。"

此时，我很想哭。被饿醒半夜起来找吃的时我没哭，被同学嘲笑时我没哭，在庄明美住院时我没哭，郑荀打零工我没哭，而现在，面对一个不久之前还是陌生人的信任和帮助时，我却想大哭。

眼前的景物像没有对准焦距的相机一样模糊。

当你落魄时，有人肯帮助你，是件多么让人感恩的事。如同掉入池塘挣扎得没力气时，有人伸了只手来拉你，这是多难得的事。

庄明美听说这件事后非常高兴，她亲自去买了食材，下厨做了很多我们家乡的菜，用近乎虔诚的速度。然后打包好，让我给奶奶送去。

郑荀的成绩也慢慢升回了原来的位置，还得了数学竞赛的第二名。我们的生活开始好转，我相信的"一个人坏运气到了极致，必定会迎来好开始"终于实现了。

　　我的生活慢慢进入正轨，照顾奶奶成了每天放学后的期盼。奶奶总是和我讲她的故事。而庄明美借点钱买了电脑在网上开起了淘宝店，虽然班上仍会有人笑我穷，但那已经不那么重要了。

　　这天，我放学后去奶奶家，门口一个女生勾着头站着，用脚踢着石子。在我开门的时候，她抓着我的手问："以前这户人家搬走了吗？"

　　"哪户？"我有些茫然。

　　"就是一个老奶奶，大概七十来岁的样子，一个人住。"女孩比画着长相，"眼角这里有颗痣。"

　　我反应过来："哦，没搬呢。你是……嘉嘉？"

　　"嗯。"女孩儿点头，"你知道我？"

　　我带她进去。奶奶听到开门声迎出来，一脸惊愕，看清来人后，惊喜地搬了凳子，然后找水果，看着她手忙脚乱的样子，我站在一边微微地笑。

　　回到家和庄明美一说，她也高兴不已，喃喃说道："真好呀！"

　　让我和庄明美更高兴的是，郑荀居然拿了奖学金，他的名字，被一笔一画地写在大红榜上，透着喜气。庄明美与邻居聊天也中气十足："我儿子最近越来越争气了，还拿了奖学金呢！"郑荀听到了，总是害羞地笑。

　　而我也迎来了我的高考，同学们再也没有时间笑我，我和艾子叶每天都互相督促，约定要去同一所大学。

　　八月，我拿着与艾子叶一样的通知书跑回家。这次，我终于爽快地哭了出来。